陽明全集

四部備要

子部

中華書局據明謝氏刻本校刊

桐鄉 陸費逵 總勘

杭縣 高時顯 吳汝霖 輯校

杭縣 丁輔之 監造

王文成公全書序

王文成公全書三十八卷其首三卷爲語錄公存時徐子曰仁輯次二十八卷爲文錄爲別錄爲外集爲續編皆公薨後錢子洪甫輯最後七卷爲年譜爲世德紀則近時洪甫與汝中王子輯而附焉者也隆慶壬申侍御新建謝君奉命按浙首修公祠置田以供歲祀已而閱公文見所謂錄若集各自爲書懼夫四方正學者或弗克盡讀也遂彙而壽諸梓名曰全書屬階序階聞之道無隱顯無小大隱也者其精微之蘊於心者也體也顯也者其光華之著於外者也用也小也者其用之散而爲川流者也大也者其體之斂而爲敦化者也譬之天然不已之妙默運於於穆之中而日月星辰之麗四時之行百物之生燦然呈露而不可掩是道之全也古昔聖人具是道於心而以時出之或爲文章或爲勳業至其所謂文者或施之朝廷或用之邦國或形諸家庭或見諸師弟子之問答與其日用應酬之常雖製以事殊語因人異然莫非道之用也故在言道者必該體用之全斯謂之善言在學道者亦必得體用之全斯謂之善學嘗

觀論語述孔子心法之傳曰一貫旣已一言盡之而其紀孔子之文則自告時君告列國之卿大夫告諸弟子告避世之徒以及對陽貨詢廄人答問饋之使無一弗錄將使學者由顯與小以得其隱與大焉是善言道者之準也而其爲學因亦可以見矣唯文成公奮起聖遠之後慨世之言致知者求知於見聞而不可與酬酢不可與佑神於是取孟子所謂良知合諸大學以爲致良知之說其大要以謂人心虛靈莫不有知唯不以私欲蔽塞其虛靈者則不假外索而於天下之事自無所感而不通無所措而不當蓋誠意正心修身齊家治國平天下必先致知之本旨而千變萬化一以貫之之道也故嘗語門人云良知之外更無知致知之外更無學于時曰仁最稱高第弟子其錄傳習公微言精義率已具其中乃若公他所爲文則是所謂製殊語異莫非道之用者彙而梓之豈唯公之書於是乎全固讀焉者所由以覩道之全也謝君之爲此其嘉惠後學不已至歟雖然謝君所望於後學非徒讀其書已也凡讀書者以身踐之則書與我爲一以言視之則判然二耳論語之爲書世未嘗有不讀然而一貫之

唯自曾子以後無聞焉豈以言視之之過乎自公致良知之說興士之獲聞者衆矣其果能自致其良知卓然踐之以身否也夫能踐之以身則於公所垂訓誦其一言而已足參諸傳習錄而已繁否則雖盡讀公之書無益也階不敏願相與戒之謝君名廷傑字宗聖其爲政崇節義育人才立保甲厚風俗動以公爲師蓋非徒讀公書者也賜進士及第特進光祿大夫柱國少師兼太子太師

吏部尚書建極殿大學士知

制誥知

經筵事

國史總裁致仕後學華亭徐階序

傳習錄序

門人徐愛撰

門人有私錄陽明先生之言者先生聞之謂之曰聖賢教人如醫用藥皆因病立方酌其虛實溫涼陰陽內外而時時加減之要在去病初無定說若拘執一方鮮不殺人矣今某與諸君不過各就偏蔽箴切砥礪但能改化即吾言已爲贅疣若遂守爲成訓他日誤己誤人某之罪過可復追贖乎愛既備錄先生之教同門之友有以是相規者愛因謂之曰如子之言即又拘執一方復失先生之意矣孔子謂子貢嘗曰予欲無言他日則曰吾與回言終日又何言之不一邪蓋子貢專求聖人於言語之間故孔子以無言警之使之實體諸心以求自得顏子於孔子之言默識心通無不在己故與之言終日若決江河而之海也故孔子於子貢之無言不爲少於顏子之終日言不爲多各當其可而已今備錄先生之語固非先生之所欲使吾儕常在先生之門亦何事於此惟或有時而去側同門之友又皆離羣索居當是之時儀刑既遠而規切無聞如愛之駑

劣非得先生之言時時對越警發之其不摧墮靡廢者幾希矣吾儕於先生之言茍徒入耳出口不體諸身則愛之錄此實先生之罪人矣使能得之言意之表而誠諸踐履之實則斯錄也固先生終日言之之心也可少乎哉錄成因復識此於首篇以告同志門人徐愛序

陽明先生文錄序

門人鄒守益

錢子德洪刻先師文錄于姑蘇自述其裒次之意以純于講學明道者為正錄曰明其志也以詩賦及酬應者為外集曰盡其全也以奏疏及文移為別錄曰究其施也於是先師之言燦然聚矣以守益與聞緒言之教也寓簡使序之守益拜手而言曰知言誠未易哉昔者孔夫子之在春秋也從遊者三千速肖者七十矣而猶有莫我知之嘆嘆夫以言語求之而眩其真也夫子既沒門弟子欲以所事夫子者事有子夷攷其取于有子亦曰甚矣其言之似夫子也則下學上達之功其著且察者鮮矣推尊之詞要亦足以及之賢於堯舜堯舜未易賢也走獸之於麟飛鳥之於鳳雖勉而企之其道無繇不幾于絕德乎禮樂之

等最爲近之然猶自聞見而求終不若秋陽江漢直悟本體爲簡易而切實也蓋在聖門惟不遷怒不貳過之顏語之而不惰其次則忠恕之曾足以任重而道遠故再傳而以祖述憲章譬諸天地四時三傳而以仕止久速之時比諸大成比諸巧力宛然江漢秋陽家法也秦漢以來專以訓詁雜以佛老侈以詞章而皜皜肫肫之學淆雜偏陂而莫或救之逮于濂洛始粹然克續其傳論聖之可學則以一者無欲爲要答定性之功則以大公順應學天地聖人之常嗟乎是豈嘗試而懸斷之者乎其後剖析愈精考擬愈繁著述愈富而支離愈甚間有覺其非而欲挽焉則又未能盡追窠臼而洗濯之至我陽明先生慨然深探其統歷艱履險磨瑕去垢獨揭良知力拯羣迷犯天下之謗而不自恤也有志之士稍稍如夢而覺泝濂洛以達洙泗非先師之功乎以益之不類再見于虔再別于南昌三至于會稽竊窺先師之道愈簡易愈廣大愈切實愈高明望望然而莫知其所止也當時有稱先師者曰古之名世或以文章或以政事或以氣節或以勳烈而公克兼之獨除卻講學一節卽全人矣先師笑曰某願從事

講學一節盡除卻四者亦無愧全人又有訾訕之者先師曰古之狂者嘐嘐聖人而行不揜世所謂敗闕也而聖門以列中行之次忠信廉潔刺之無可刺世所謂完全也而聖門以爲德之賊某願爲狂以進取不願爲愿以媚世嗚呼今之不知公者果疑其爲狂乎其知公者果能盡除四者而信其爲全人乎良知之明烝民所同本自皜皜本自肫肫常寂常感常神常化常虛常直常大公常順應患在自私用智之欲所障始有所尙始有所倚不倚不尙本體呈露宣之爲文章措之爲政事犯顏敢諫爲氣節誅亂討賊爲勳烈是四者皆一之流行也學出于一則以言求心矣學出于二則以言求言矣守益力病於二之而未瘳也故反覆以質于吾黨吾黨欲求知言之要其惟自致其良知乎嘉靖丙申春三月

陽明先生文錄序

門人錢德洪撰

古之立教有三有意教有政教有言教太上之世民涵真性嗜慾未涉聖人者特相示以意已矣若伏羲陳奇偶以指象是也而民遂各以意會不逆於心羣

物以遊熙如也是之謂意教中古之民風氣漸開示之以意若病不足矣聖人者出則爲之經制立法使之自厚其生自利其用自正其德而民亦相忘於政化之中各足其願日入於善而不知誰之所使是以政教之也自後聖王不作皇度不張民失所趨俗非其習而聖人之意日湮以晦懷世道者憂之而處非其任則嘵嘵以空言覺天下是故始有以言教也噫立教而至於以言則難矣昔者孔子之在春秋也其所與世諄諄者皆性所同也然於習俗所趨無徵焉乃闖起而異之曰是將奪吾之所習而蹶吾之所趨也或有非笑而詆訾之者三千之徒其庶幾能自拔於流俗不與衆非笑詆訾之者乎然而天下之大也其能自拔於俗不與衆非笑詆訾者僅三千人焉豈非空言動衆終不若躬見於政事之爲易也夫三千之中稱好學者顏氏之外又無多聞焉豈速肖之士知自拔於俗矣尚未能盡脫乎俗習耶一洗俗習之陋直超自性之真而盡得聖人千古不盡之意者豈顏氏之所獨耶然而三千之徒其於夫子之言也猶面授也秦火而後掇拾於漢儒者多似是而失真矣後之儒者復以己見臆說

盡取其言而支離決裂之噫誠面授也尚未免於俗習焉弃取其言而亂之則後之懷世道者復將何恃以自植於世耶吾師陽明先生蚤有志於聖人之道求之俗習而無取也求之世儒之學而無得也乃一洗俗習之陋世儒之說而自證以吾之心焉殫思力踐竭精粹志卒乃豁然有見於良知而千古聖人不盡之意復得以大明於世噫亦難矣世之聞吾先生之言者其皆肯自拔於流俗不與衆非笑詆訾之乎其皆肯一洗俗習之陋世儒之說而獨證以吾之心乎夫非笑詆訾在孔子猶不免焉於當世乎奚病特病其未之或聞焉耳如其有聞也則知先生之所言者非先生之言也吾之心也吾心之知不以太上而古不以當世而今不待示而得不依政而行俗習所不能湮異說所不能淆特在乎有超世特立之志自證而自得之耳有超世特立之志者而一觸其知真如去目之塵沙以還光也拔耳之木楔以還聽也解支體之束縛以自舒也去污穢而就高明撤蔽障而合大同以復中古之政超太上之意亦已矣又奚以俗習之陋世儒之說爲哉先生之言世之信從者日衆矣特其文字之行於世

者或雜夫少年未定之論愚懼後之亂先生之學者即自先生之言始也乃取其少年未定之論盡刪而去之詳披締閱參酌衆見得至一之言五卷焉其餘或發之題詠或見之政事者則釐爲外集別錄復以日月前後順而次之庶幾知道者讀之其知有所取乎雖然是錄先生之言也特入珍藏之扃鑰也珍藏不守乃屑屑焉扃鑰之是競豈非舍其所重而自任其所輕耶茲不能無愧於是錄之成云爾

重刻陽明先生文錄後語

門人王畿譔

道必待言而傳夫子嘗以無言爲警矣言者所由以入於道之詮凡待言而傳者皆下學也學者之於言也猶之暗者之於燭跛者之於杖也有觸發之義焉有栽培之義焉而其機則存乎心悟不得于心而泥於言非善於學者也我陽明先生師倡明聖學以良知之說覺天下天下靡然從之是雖入道之玄詮亦下學事載諸錄者詳矣吾黨之從事於師說也其未得之果能有所觸發否乎其得之也果能有所栽培否乎其得而玩之也果能有所印正否乎得也者非得

之於言得之於心也契之於心忘乎言者也猶之燭之資乎明杖之輔乎行其機則存乎目與足非外物所得而與也若夫玩而忘之從容默識無所待而自中乎道斯則無言之旨上達之機固吾梅林公重刻是錄相與嘉惠而申警之意也不然則聖學亡而先師之意荒矣吾黨勗諸

陽明先生文錄續編序

後學徐階譔

餘姚錢子洪甫既刻陽明先生文錄以傳又求諸四方得先生所著大學或問五經臆說序記書疏等若干卷題曰文錄續編而屬嘉興守六安徐侯以正刻之刻成侯謀於洪甫及王子汝中遣郡博張編海寧諸生董啓予問序於階階曰先生之文非淺薄所敢序也雖然階嘗從洪甫汝中竊聞先生之學矣夫學非獨倡始難也其傳而不失其宗蓋亦不易焉自孔子沒大學格致之旨晦其在俗儒率外心以求知終其身汩溺於見聞記誦而高明之士又率慕徑約貴自然淪入於二氏而不自覺先生崛起千載之後毅然以謂致知者致吾心之良知也吾心之良知不待慮而知不待學而能是乃天命之性吾心靈昭明覺

之本體也惟不自欺其良知斯知致而意可誠矣格者正也正其不正以歸於正也物者事也事各歸於正而吾良知之所知始無虧缺障蔽得以極其致矣舉知而歸諸良舉致知而歸諸正物蓋先生之學不汨於俗亦不入於空如此于時聞者幸知口耳之可恥然其辟之或激於太過幸有見夫心體之當求然其擬之或涉於太輕於是超頓之說與至舉踐履之實積累之功盡詆以爲不足務脫於俗顧轉而趨於空則先生之學有不待夫傳之旣久乃始失其宗者茲豈非學先生者之所憂乎洪甫輯爲是編其志固將以救之其自序曰言近而旨遠此吾師中行之證也又曰吾師之教平易切實而聖智神化之機固已躍然不必更爲別說洪甫之於師傳其闡明翼衞視先生之於孔氏有功等矣夫三代以前學與政合而出於一虞廷之命官與其所陳之謨皆精一執中之運用也故曰三代之治本於道三代之道本於心而後世論學旣指夫俗與空者當之其論政又指夫期會簿書當之謬迷日甚而未已也徐侯方從事於政獨能聚諸生以講先生之學汲汲焉刻是編以詔之其異於世之爲者歟使凡

領郡者皆徐侯其人先生之學明而洪甫之憂可釋也階生晚不及登先生之門然昔孟子自謂於孔子爲私淑至其自任閑先生之道以承孔子則雖見目爲好辯而不辭故輒以侯請僭爲之序嗚呼觀者其尚亮階之志也夫

刻文錄敘說

德洪曰嘉靖丁亥四月時鄒謙之謫廣德以所錄先生文稿請刻先生止之曰不可吾黨學問幸得頭腦須鞭辟近裏務求實得一切繁文靡好傳之恐眩人耳目不錄可也謙之復請不已先生乃取近稿三之一標揭年月命德洪編次復遺書曰所錄以年月爲次不復分別體類者蓋專以講學明道爲事不在文辭體製間也明日德洪掇拾所遺復請刻先曰此愛惜文辭之心也昔者孔子刪述六經若以文辭爲心如唐虞三代自典謨而下豈止數篇正惟一以明道爲志故所述可以垂教萬世吾黨志在明道復以愛惜文字爲心便不可入堯舜之道矣德洪復請不已乃許數篇次爲附錄以遺謙之今之廣德板是也

先生讀文錄謂學者曰此編以年月爲次使後世學者知吾所學前後進詣不同又曰某此意思賴諸賢信而不疑須口口相傳廣布同志庶幾不墜若筆之於書乃是異日事必不得已然後爲此耳又曰講學須得與人人面授然後得其所疑時其淺深而語之纔涉紙筆便十不能盡一二戊子年冬先生時在兩廣謝病歸將下庾嶺德洪與王汝中聞之乃自錢塘趨迎至龍游聞訃遂趨廣信訃告同門約每越三年遣人裒錄遺言明日又進貴溪扶喪還玉山至草萍驛戒記書篋故諸稿幸免散逸自後同門各以所錄見遺既七年壬辰德洪居吳始較定篇類復爲購遺文一疏遣安成王生自閩粵由洪都入嶺表抵蒼梧取道荆湘還自金陵又獲所未備然後謀諸提學侍御聞人邦正入梓以行文錄之有外集別錄遵附錄例也

先生之學凡三變其爲教也亦三變少之時馳騁於辭章已而出入二氏繼乃居夷處困豁然有得於聖賢之旨是三變而至道也居貴陽時首與學

者為知行合一之說自滁陽後多教學者靜坐江右以來始單提致良知三字直指本體令學者言下有悟是教亦三變也讀文錄者當自知之先生嘗曰吾始居龍場鄉民言語不通所可與言者乃中土亡命之流耳與之言知行之說莫不忻忻有入久之并夷人亦翕然相向及出與士夫言則紛紛同異反多扞格不入何也意見先入也德洪自辛巳冬始見先生於姚再見於越於先生教若恍恍可即然未得入頭處同門先輩有指以靜坐者遂覓光相僧房閉門凝神淨慮倏見此心真體如出蔀屋而覩天日始知平時一切作用皆非天則自然習心浮思炯炯自照毫髮不容住著喜馳以告先生曰吾昔居滁時見學者徒為口耳同異之辯無益於得且教之靜坐一時學者亦若有悟但久之漸有喜靜厭動流入枯槁之病故邇來只指破致良知工夫學者真見得良知本體昭明洞徹是是非非莫非天則不論有事無事精察克治俱歸一路方是格致實功不落卻一邊故較來無出致良知話頭無病何也良知原無間動靜也德洪既自喜

學得所入又承點破病痛退自省究漸覺得力良知之說發於正德辛巳年蓋先生再罹寧藩之變張許之難而學又一番證透故正錄書凡三卷第二卷斷自辛巳者志始也格致之辯莫詳於答顧華玉一書而拔本塞源之論寫出千古同體萬物之旨與末世俗習相沿之弊百世以俟讀之當爲一快

先生嘗曰吾良知二字自龍場已後便已不出此意只是點此二字不出於學者言費卻多少辭說今幸見出此意一語之下洞見全體直是痛快不覺手舞足蹈學者聞之亦省卻多少尋討功夫學問頭腦至此已是說得十分下落但恐學者不肯直下承當耳又曰某於良知之說從百死千難中得來非是容易見得到此此本是學者究竟話頭可惜此體淪埋已久學者苦於聞見障蔽無入頭處不得已與人一口說盡但恐學者得之容易只把作一種光景玩弄孤負此知耳

甲申年先生居越中秋月白如洗乃燕集羣弟子於天泉橋上時在侍者百

十人酒半行先生命歌詩諸弟子比音而作翕然如協金石少間能琴者理絲善簫者吹竹或投壺聚算或鼓棹而歌遠近相答先生顧而樂之遂即席賦詩有曰鏗然舍瑟春風裏點也雖狂得我情之句既而曰昔孔門求中行之士不可得苟求其次其惟狂者乎狂者志存古人一切聲利紛華之染無所累其衷真有鳳皇翔于千仞氣象得是人而裁之使之克念日就平易切實則去道不遠矣予自鴻臚以前學者用功尚多拘局自吾揭示良知頭腦漸覺見得此意者多可與裁矣

先生自辛巳年初歸越明年居考喪德洪輩　侍者踪跡尚寥落既後四方來者日衆癸未已後環先生之室而居如天妃光相能仁諸僧舍每一室常合食者數十人夜無臥所更番就席歌聲徹昏旦南鎮禹穴陽明洞諸山遠近古刹徙足所到無非同志遊寓之地先生每臨席諸生前後左右環坐而聽常不下數百人送往迎來月無虛日至有在侍更歲不能徧記其姓字者諸生每聽講出門未嘗不踴躍稱快以昧入者以明出以疑入

者以悟出以憂憤愊憶入者以融釋脫落出嗚呼休哉不圖講學之至於斯也嘗聞之同門南都以前從遊者雖衆未有如在越之盛者雖講學日久孚信漸博要亦先生之學益進感召之機亦自不同也今觀文錄前後論議大略亦可想見

先生嘗語學者曰作文字亦無妨工夫如詩言志只看爾意向如何意得處自不能不發之於言但不必在詞語上馳騁言不可以僞爲且如不見道之人一片粗鄙心安能說出和平話總然都做得後一兩句露出病痛便覺破此文原非充養得來若養得此心中和則其言自別

門人有欲汲汲立言者先生聞之歎曰此弊溺人其來非一日矣不求自信而急於人知正所謂以己昏昏使人昭昭也恥其名之無聞於世而不知知道者視之反自貽笑耳宋之儒者其制行磊犖本足以取信於人故其言雖未盡人亦崇信之非專以空言動人也但一言之誤至於誤人無窮不可勝救亦豈非汲汲於立言者之過耶

或問先生所答示門人書稿刪取歸併作數篇訓語以示將來如何先生曰
有此意但今學問自覺所進未止且終日應酬無暇他日結廬山中得如
諸賢有筆力者聚會一處商議將聖人至緊要之語發揮作一書然後取
零碎文字都燒了免致累人德洪事先生在越七年自歸省外無日不侍
左右有所省豁每得於語默作止之閒或聞時訕議有動於衷則益自奮
勵以自植有疑義卽進見請質故樂於面炙一切文辭俱不收錄每見文
稿出示比之侍坐時精神鼓舞歉然常見不足以是知古人書不盡言言
不盡意非欺我也不幸先生旣沒謦欬無聞儀刑日遠每思印證茫無可
卽然後取遺稿次第讀之凡所欲言而不能者先生皆爲我先發之矣雖
其言之不能盡意引而不發躍如也由是自滁以後文字雖片紙隻字不
敢遺棄四海之遠百世之下有同此懷者乎苟取正錄順其日月以讀之
不以言求而惟以神會必有沛然江河之決莫之能禦者矣
別錄成同門有病其太繁者德洪曰若以文字之心觀之其所取不過數篇

若以先生之學見諸行事之實則雖瑣屑細務皆精神心術所寓經時贊化以成天下之事業千百年來儒者有用之學於此亦可見其梗概又何病其太繁乎

昔門人有讀安邊八策者先生曰是疏所陳亦有可用但當時學問未透中心激忿抗厲之氣若此氣未除欲與天下共事恐於事未必有濟

陳惟濬曰昔　武宗南巡先生在虔姦賊在　君側間有以疑謗危先生者聲息日至諸司文帖絡繹不絕請先生即下洪匆處用兵之地以堅姦人之疑先生聞之泰然不動門人乘間言之先生姑應之曰吾將往矣一日惟濬亦以問先生曰吾在省時權豎如許勢燄疑謗禍在目前吾亦帖然處之此何足憂吾已解兵謝事乞去只與朋友講學論道教童生習禮歌詩烏足爲疑縱有禍患亦畏避不得雷要打便隨他打來何故憂懼吾所以不輕動亦有深慮焉爾又一人使一友亦告急先生曰此人惜哉不知學公輩曷不與之講學乎是友亦釋然謂人曰明翁真有赤舃几几氣象

愚謂別錄所載不過先生政事之迹耳其遭時危謗禍患莫測先生處之泰然不動聲色而又能出危去險坐收成功其致知格物之學至是豈意見擬議所能及是皆別錄所未及詳者洪感惟濬之言故表出之以爲讀別錄者相發

復聞人邦正書裒刊文錄諸同門聚議不同久矣有曰先生之道無精粗隨所發言莫非至教故集文不必擇其可否概以年月體類爲次使觀者隨其所取而獲焉此久菴諸公之言也又以先生言雖無間於精粗而終身命意惟以提揭人心爲要故凡不切講學明道者不錄可也此東廓諸公之言也二說相持罔知裁定去年廣回舟中反覆思惟不肖鄙意竊若有附於東廓子者夫傳言者不貴乎盡其博而貴乎得其意得其意雖一言之約足以入道不得其意而徒示其博則泛濫失真匪徒無益是眩之也且文別體類非古也其後世侈詞章之心乎當今天下士方馳騖於辭章先生少年亦嘗沒溺于是矣卒乃自悔惕然有志于身心之學學未歸一

出入於二氏者又幾年矣卒乃自悔省然獨得于聖賢之旨反覆世故更歷險阻百鍊千磨斑瑕盡去而輝光煥發超然有悟于良知之說自辛巳年已後而先生教益歸於約矣故凡在門牆者不煩辭說而指見本體真如日月之麗天大地山河萬象森列陰崖鬼魅皆化而爲精光斷溪曲徑皆坦而爲大道雖至愚不肖一觸此體真知皆可爲堯舜考三王建天地質鬼神俟百世斷斷乎知其不可易也有所不行者特患不加致之之功耳今傳言者不揭其獨得之旨而尚吝情于悔前之遺未透之說而混焉以誇博是愛其毛而不屬其裏也不既多乎既又思之凡物之珍賞于時者久而不廢況文章乎先生之文既以傳誦於時欲不盡錄不可得也自今尚能次其月日善讀者猶可以驗其悔悟之漸後恐迷其歲月而概以文字取之混入焉則幷今日之意失之矣久菴之慮殆或以是與不得已乃兩是而俱存之故以文之純于講學明道者裒爲正錄餘則別爲外集而總題曰文錄疏奏批駁之文則又釐爲一書名曰別錄夫始之以正錄

明其志也繼之以外集盡其博也終之以別錄究其施也而文稽其類以
從時也識道者讀之庶幾知所取乎此又不肖者之意也問難辯詰莫詳
於書故正錄首書次記次序次說而以雜著終焉諷詠規切莫善于詩賦
故外集首賦次詩次記次序次說次雜著而傳誌終焉別錄則卷以事類
篇以題別先奏疏而後公移刻既成懼讀者之病于未察也敢敬述以求
正乙未年正月

編輯文錄姓氏

門人餘姚徐　愛
錢德洪
孫應奎
嚴　中
揭陽薛　侃
山陰王　畿
渭南南大吉
安成鄒守益
臨川陳九川
泰和歐陽德
南昌唐堯臣

校閱文錄姓氏

後學吉水羅洪先
滁陽胡　松
新昌呂光洵
秀水沈啓原

奉

天承運

皇帝制曰竭忠盡瘁固人臣職分之常崇德報功實國家激勸之典矧通侯班

爵崇亞上公而節惠易名榮逾華衮事必待乎論定恩豈容以久虛爾故原任

新建伯南京兵部尚書兼都察院左都御史王守仁維岳降靈自天佑命爰從

弱冠屹爲宇宙人豪甫拜省郎獨奮乾坤正論身瀕危而志愈壯道處困而造

彌深紹堯孔之心傳微言式闡倡周程之道術來學攸宗蘊蓄既宏猷爲丕著

遺艱投大隨試皆宜戡亂解紛無施弗效閩粵之箐巢盡掃而擒縱如神東南

之黎庶舉安而文武足憲爰及逆藩稱亂尤資仗鉞淵謀旋凱奏功速于吳楚

之三月出奇決勝邁彼淮蔡之中宵是嘉社稷之偉勳申盟帶礪之異數既復

撫夷兩廣旋致格苗七旬謗起功高賞移罰重爰遵

遺詔兼采公評續相國之生封時而旌伐追曲江之歿卹庶以酬勞茲特贈爲

新建侯謚文成錫之

誥命於戲鍾鼎勒銘嗣美東征之烈券綸昭錫世登南國之功永爲一代之宗

臣實耀千年之史冊冥靈不昧寵命其承

隆慶二年十月十七日

王文成公全書目錄

與辰中諸生己巳
答徐成之辛未
答黃宗賢應原忠辛未
答汪石潭內翰辛未
寄諸用明辛未
答王虎谷辛未
與王宗賢辛未
二壬申
三癸酉
四癸酉
五癸酉
六丙子
七戊寅

二甲戌

寄李道夫乙亥

與陸元靜丙子

二戊寅

與希顔台仲明德尙謙元靜丁丑

與楊仕德薛尙謙丁丑

寄聞人邦英邦正戊寅

二戊寅

三庚辰

寄薛尙謙戊寅

二

三

寄諸弟戊寅

卷之五
文錄二 書始正德辛巳至嘉靖乙酉

答甘泉辛巳
答倫彥式辛巳
與唐虞佐侍御辛巳
答方叔賢辛巳
二癸未
與楊仕鳴辛巳
二癸未
三癸未
與陸元靜辛巳
二壬午
答舒國用癸未
與劉元道癸未
答路賓陽癸未

卷之六
文錄三　書始嘉靖丙戌至戊子

卷之七
文錄四　序　記　說

文錄五　雜著

卷之十二

別錄四　奏疏

卷之十三

別錄五　奏疏

卷之十六

卷之十七
別錄九　公移巡撫江西征寧藩

處置行糧牌
牌行吉安府敦請鄉士夫共守城池
牌行各哨統兵官進攻屯守七月十七日
告示在城官兵七月十八日
告諭江西布按三司從逆官員
告示七門從逆軍民
牌行江西二司安葬寧府宮眷
手本南京內外守備追襲叛首七月二十三日
咨兩廣總督都御史楊停止調集狼兵
牌行撫州府知府陳槐等收復南康九江七月二十四日
犒賞福建官軍
釋放投首牌
牌仰沿途各府州縣衛所驛遞巡司衙門慰諭軍民

批江西布政司禮送致仕官呈

卷之十八

別錄十　公移總督兩廣平定思田征勦八寨

欽奉　敕諭通行嘉靖六年十月初三日

湖兵進止事宜十月

牌諭安遠縣舊從征義官葉芳等十月

批南康縣生員張雲霖復學詞

批贛縣生員雷瑞詞同

放回各處官軍牌十二月二十五日

犒諭都康等官男彭一等十二月二十八日

劄付永順宣慰司官舍彭宗舜冠帶聽調

批廣西布按二司請建講呈

批立社學師耆老各呈嘉靖七年正月

批嶺東道額編民壯呈
裁革文移
批右江道調和寨目呈
批南寧府表揚先哲申
批增城縣改立忠孝祠申
批參政張懷奏留朝覲官呈
經理書院事宜八月
牌行南寧府延師講禮
劄付同知林寬經理田寧
劄付同知桂鏊經理思恩
牌行南昌府保昌縣禮送故官
調發土兵十月
犒獎儒士岑伯高

卷之十九

外集一 賦騷詩

登閱江樓

獅子山

遊清涼寺三首

寄張東所次前韻

別余縉子紳

送劉伯光

冬夜偶書

寄潘南山

送胡廷尉

與郭子全

次欒子仁韻送別四首

書悟真篇答張太常二首

贛州詩三十六首正德丙子年九月陞南贛僉事御史以後作

登雲峯望始盡九華之勝因復作歌
雙峯遺柯生喬
歸途有僧自望華亭來迎且請詩
無相寺金沙泉次韻
夜宿天池月下聞雷次早知山下大雨三首
文殊臺夜觀佛燈
書汪進之太極巖二首
勸酒
重遊化城寺二首
遊九華
弘治壬戌嘗遊九華值時陰霧竟無所覩至是正德庚辰復往遊之風
日清朗盡得其勝喜而作歌
巖頭閒坐漫成

卷之二十四
外集六　說　雜著

卷之二十五
外集七　墓誌銘　墓表　墓碑　傳　碑　贊　箴　祭文

卷之二十九

續編四

卷之三十

續編五　三征公移逸稿　南贛公移凡三十三條

調用三省夾攻官兵七月十五日

夾攻防守咨十月

行嶺北道催督進勦牌十月初十日

刻期會勦咨十月二十一日

橫水建立營場牌十月二十七日

搜扒殘寇咨十一月十一日

批準惠州府給由呈正德十三年二月二十四日

批攻取河源賊勦呈三月二十三日

批贛州府賑濟呈四月二十八日

批嶺北道修築城垣呈五月十五日

查訪各屬賢否牌六月十九日

行贛南道禁止稅牌六月二十八日

禁約驛遞牌七月初一日

思田公移 凡四十九條

行廣西統領軍兵各官勦撫事宜牌 嘉靖六年十一月初五日

行南韶二府招集民兵牌 十一月十二日

獎留僉事顧溱批呈 十一月二十三日

批嶺西道議處兵屯事宜呈 十一月二十三日

批廣州衛議處哨守官兵呈 十一月二十五日

批都指揮李翱操演哨守官兵呈 十一月二十七日

行兩廣都布按三司選用武職官員 十二月初七日

行兩廣按察司稽查冒濫關文 十二月十二日

給思明州官孫黃永寧冠帶劄付牌

省發土官羅廷鳳等牌 十二月十七日

給還隆寨巡檢黃添貴冠帶牌 嘉靖七年正月初八日

批左州分俸養親申 正月十八日

委官賞晝牌五月初七日

行參將沈希儀計勦八寨牌五月初九日

調發土官岑巘牌五月初十日

分調土官韋虎林進勦事宜牌五月十五日

行通判陳志敬查禁田州府私徵商稅牌五月十五日

批南寧衞給發土官銀兩申五月十八日

批左江道紀驗首級呈五月二十八日

行左江道犒賞湖兵牌六月初十日

獎勞督兵官牌六月初十日

土舍彭藎臣軍冠帶劄付六月初十日

獎勞永保二司官舍土目牌六月初十日

調發武緣鄉兵搜勦八寨殘賊牌六月十八日

行右江道犒賞盧蘇王受牌七月初三日

卷之三十一

行吉安府收囤兌糧牌正德十四年六月二十日

行吉安府禁止鎮守貢獻牌六月二十日

行福建布政司調兵勤王

預行南京各衙門勤王咨

撫安百姓告示六月二十二日

差官調發梅花等峒義兵牌六月二十七日

行吉安府踏勘災傷七月初五日

行吉安府知會紀功御史牌七月初八日

行知縣劉守緒等襲勦墳廠牌七月十三日

督責知府伍文定等同心勦賊牌七月二十五日

行南昌府清查占奪民產八月十六日

批江西按察司改恤孫許死事八月二十五日

行南昌府禮送孫公歸櫬牌八月二十九日

王文成公全書卷之一

語錄一　傳習錄上

先生於大學格物諸說悉以舊本爲正蓋先儒所謂誤本者也愛始聞而駭既而疑已而殫精竭思參互錯縱以質於先生然後知先生之說若水之寒若火之熱斷斷乎百世以俟聖人而不惑者也先生明睿天授然和樂坦易不事邊幅人見其少時豪邁不羈又嘗泛濫於詞章出入二氏之學驟聞是說皆目以爲立異好奇漫不省究不知先生居夷三載處困養靜精一之功固已超入聖域粹然大中至正之歸矣愛朝夕炙門下但見先生之道卽之若易而仰之愈高見之若粗而探之愈精就之若近而造之愈益無窮十餘年來竟未能窺其藩籬世之君子或與先生僅交一面或猶未聞其謦欬或先懷忽易憤激之心而遽欲於立談之間傳聞之說臆斷懸度如之何其可得也從遊之士聞先生之教往往得一而遺二見其牝牡驪黃而棄其所謂千里者故愛備錄平日之所聞私以示夫同志

相與考而正之庶無負先生之教云門人徐愛書

愛問在親民朱子謂當作新民後章作新民之文似亦有據先生以爲宜從舊本作親民亦有所據否先生曰作新民之新是自新之民與在新民之新不同此豈足爲據作字卻與親字相對然非親字義下面治國平天下處皆於新字無發明如云君子賢其賢而親其親小人樂其樂而利其利如保赤子民之所好好之民之所惡惡之此之謂民之父母之類皆是親字意親民猶孟子親親仁民之謂親之卽仁之也百姓不親舜使契爲司徒敬敷五教所以親之也堯典克明峻德便是明明德以親九族至平章協和便是親民便是明明德於天下又如孔子言修己以安百姓修己便是明明德安百姓便是親民說親民便是兼教養意說新民便覺偏了

愛問知止而後有定朱子以爲事事物物皆有定理似與先生之說相戾先生曰於事事物物上求至善却是義外也至善是心之本體只是明明德到至精至一處便是然亦未嘗離卻事物本註所謂盡夫天理之極而無一毫人

欲之私者得之

愛問至善只求諸心恐於天下事理有不能盡先生曰心卽理也天下又有心外之事心外之理乎愛曰如事父之孝事君之忠交友之信治民之仁其閒有許多理在恐亦不可不察先生嘆曰此說之蔽久矣豈一語所能悟今姑就所問者言之且如事父不成去父上求箇孝的理事君不成去君上求箇忠的理交友治民不成去友上民上求箇信與仁的理都只在此心心卽理也此心無私欲之蔽卽是天理不須外面添一分以此純乎天理之心發之事父便是孝發之事君便是忠發之交友治民便是信與仁只在此心去人欲存天理上用功便是愛曰聞先生如此說愛已覺有省悟處但舊說纏於胸中尚有未脫然者如事父一事其閒溫清定省之類有許多節目不亦須講求否先生曰如何不講求只是有箇頭腦只是就此心去人欲存天理上講求就如講求冬溫也只是要盡此心之孝恐怕有一毫人欲閒雜講求夏清也只是要盡此心之孝恐怕有一毫人欲閒雜只是講求得此心此心若

無人欲純是天理是箇誠於孝親的心冬時自然思量父母的寒便自要去
求箇温的道理夏時自然思量父的熱便自要去求箇清的道理這都是那
誠孝的心發出來的條件卻是須有這誠孝的心然後有這條件發出來譬
之樹木這誠孝的心便是根許多條件便是枝葉須先有根然後有枝葉不
是先尋了枝葉然後去種根禮記言孝子之有深愛者必有和氣有和氣者
必有愉色有愉色者必有婉容須是有箇深愛做根便自然如此
鄭朝朔問至善亦須有從事物上求者先生曰至善只是此心純乎天理之極
便是更於事物上怎生求且試說幾件看朝朔曰且如事親如何而爲温凊
之節如何而爲奉養之宜須求箇是當方是至善所以有學問思辯之功先
生曰若只是温凊之節奉養之宜可一日二日講之而盡用得甚學問思辯
惟於温凊時也只要此心純乎天理之極奉養時也只要此心純乎天理之
極此則非有學問思辯之功將不免於毫釐千里之繆所以雖在聖人猶加
精一之訓若只是那些儀節求得是當便謂至善卽如今扮戲子扮得許多

温凊奉養的儀節是當亦可謂之至善矣愛於是日又有省
愛因未會先生知行合一之訓與宗賢惟賢往復辯論未能決以問於先生先
生曰試舉看愛曰如今人儘有知得父當孝兄當弟者卻不能孝不能弟便
是知與行分明是兩件先生曰此已被私欲隔斷不是知行的本體了未有
知而不行者知而不行只是未知聖賢教人知行正是安復那本體不是着
你只恁的便罷故大學指箇真知行與人看說如好好色如惡惡臭見好色
屬知好好色屬行只見那好色時已自好了不是見了後又立箇心去好聞
惡臭屬知惡惡臭屬行只聞那惡臭時已自惡了不是聞了後別立箇心去
惡如鼻塞人雖見惡臭在前鼻中不曾聞得便亦不甚惡亦只是不曾知臭
就如稱某人知孝某人知弟必是其人已曾行孝行弟方可稱他知孝知弟
不成只是曉得說些孝弟的話便可稱爲知孝弟又如知痛必已自痛了方
知痛知寒必已自寒了知饑必已自饑了知行如何分得開此便是知行的
本體不曾有私意隔斷的聖人教人必要是如此方可謂之知不然只是不

曾知此卻是何等緊切着實的工夫如今苦苦定要說知行做兩箇是甚麼
意某要說做一箇是甚麼意若不知立言宗旨只管說一箇兩箇亦有甚用
愛曰古人說知行做兩箇亦是要人見箇分曉一行做知的功夫一行做行
的功夫卽功夫始有下落先生曰此卻失了古人宗旨也某嘗說知是行的
主意行是知的功夫知是行之始行是知之成若會得時只說一箇知已自
有行在只說一箇行已自有知在古人所以既說一箇知又說一箇行者只
爲世閒有一種人懵懵懂懂的任意去做全不解思惟省察也只是箇冥行
妄作所以必說箇知方纔行得是又有一種人茫茫蕩蕩懸空去思索全不
肯着實躬行也只是箇揣摸影響所以必說一箇行方纔知得真此是古人
不得已補偏救弊的說話若見得這箇意時卽一言而足今人卻就將知行
分作兩件去做以爲必先知了然後能行我如今且去講習討論做知的工
夫待知得真了方去做行的工夫故遂終身不行亦遂終身不知此不是小
病痛其來已非一日矣某今說箇知行合一正是對病的藥又不是某鑿空

杜撰知行本體原是如此今若知得宗旨時卽說兩箇亦不妨亦只是一箇若不會宗旨便說一箇亦濟得甚事只是閒說話

愛問昨聞先生止至善之教已覺功夫有用力處但與朱子格物之訓思之終不能合先生曰格物是止至善之功既知至善卽知格物矣愛曰昨以先生之教推之格物之說似亦見得大略但朱子之訓其於書之精一論語之博約孟子之盡心知性皆有所證據以是未能釋然先生曰子夏篤信聖人曾子反求諸己篤信固亦是然不如反求之切今既不得於心安可狃於舊聞不求是當就如朱子亦尊信程子至其不得於心處亦何嘗苟從精一博約盡心本自與吾說脗合但未之思耳朱子格物之訓未免牽合附會非其本旨精是一之功博是約之功曰仁既明知行合一之說此可一言而喻盡心知性知天是生知安行事存心養性事天是學知利行事天壽不貳修身以俟是困知勉行事朱子錯訓格物只爲倒看了此意以盡心知性爲物格知至要初學便去做生知安行事如何做得愛問盡心知性何以爲生知安行

先生曰性是心之體天是性之原盡心卽是盡性惟天下至誠爲能盡其性知天地之化育存心者心有未盡也知天如知州知縣之知是自己分上事己與天爲一事天如子之事父臣之事君須是恭敬奉承然後能無失尙與天爲二此便是聖賢之別至於夭壽不貳其心乃是教學者一心爲善不可以窮通夭壽之故便把爲善的心變動了只去修身以俟命見得窮通壽夭有箇命在我亦不必以此動心事天雖與天爲二已自見得箇天在面前俟命便是未曾見面在此等候相似此便是初學立心之始有箇困勉的意在今卻倒做了所以使學者無下手處愛曰昨聞先生之教亦影影見得功夫須是如此今聞此說益無可疑愛昨曉思格物的物字卽是事字皆從心上說先生曰然身之主宰便是心心之所發便是意意之本體便是知意之所在便是物如意在於事親卽事親便是一物意在於事君卽事君便是一物意在於仁民愛物卽仁民愛物便是一物意在於視聽言動卽視聽言動便是一物所以某說無心外之理無心外之物中庸言不誠無物大學明明德

之功只是箇誠意誠意之功只是箇格物

先生又曰格物如孟子大人格君心之格是去其心之不正以全其本體之正但意念所在卽要去其不正以全其正卽無時無處不是存天理卽是窮理天理卽是明德窮理卽是明明德

又曰知是心之本體心自然會知見父自然知孝見兄自然知弟見孺子入井自然知惻隱此便是良知不假外求若良知之發更無私意障礙卽所謂充其惻隱之心而仁不可勝用矣然在常人不能無私意障礙所以須用致知格物之功勝私復理卽心之良知更無障礙得以充塞流行便是致其知知致則意誠

愛問先生以博文爲約禮功夫深思之未能得略請開示先生曰禮字卽是理字理之發見可見者謂之文文之隱微不可見者謂之理只是一物約禮只是要此心純是一箇天理要此心純是天理須就理之發見處用功如發見於事親時就在事親上學存此天理發見於事君時就在事君上學存此天

理發見於處富貴貧賤時就在處富貴貧賤上學存此天理發見於處患難夷狄時就在處患難夷狄上學存此天理至於作止語默無處不然隨他發見處卽就那上面學箇存天理這便是博學之於文便是約禮的功夫博文卽是惟精約禮卽是惟一

愛問道心常爲一身之主而人心每聽命以先生精一之訓推之此語似有弊先生曰然心一也未雜於人謂之道心雜以人僞謂之人心人心之得其正者卽道心道心之失其正者卽人心初非有二心也程子謂人心卽人欲道心卽天理語若分析而意實得之今曰道心爲主而人心聽命是二心也天理人欲不並立安有天理爲主人欲又從而聽命者

愛問文中子韓退之先生曰退之文人之雄耳文中子賢儒也後人徒以文詞之故推尊退之其實退之去文中子遠甚愛問何以有擬經之失先生曰擬經恐未可盡非且說後世儒者著述之意與擬經如何愛曰世儒著述近名之意不無然期以明道擬經純若爲名先生曰著述以明道亦何所效法曰

孔子刪述六經以明道也先生曰然則擬經獨非效法孔子乎愛曰著述卽於道有所發明擬經似徒擬其迹恐於道無補先生曰子以明道者使其反朴還淳而見諸行事之實乎抑將美其言辭而徒以譊譊於世也天下之大亂由虛文勝而實行衰也使道明於天下則六經不必述刪述六經孔子不得已也自伏羲畫卦至於文王周公其閒言易如連山歸藏之屬紛紛籍籍不知其幾易道大亂孔子以天下好文之風日盛知其說之將無紀極於是取文王周公之說而贊之以爲惟此爲得其宗於是紛紛之說盡廢而天下之言易者始一書詩禮樂春秋皆然書自典謨以後詩自二南以降如九邱八索一切淫哇逸蕩之詞蓋不知其幾千百篇禮樂之名物度數至是亦不可勝窮孔子皆刪削而述正之然後其說始廢如書詩禮樂中孔子何嘗加一語今之禮記諸說皆後儒附會而成已非孔子之舊至於春秋雖稱孔子作之其實皆魯史舊文所謂筆者筆其舊所謂削者削其繁是有減無增孔子述六經懼繁文之亂天下惟簡之而不得使天下務去其文以求其實非

以文教之也春秋以後繁文益盛天下益亂始皇焚書得罪是出於私意又不合焚六經若當時志在明道其諸反經叛理之說悉取而焚之亦正暗合刪述之意自秦漢以降文又日盛若欲盡去之斷不能去只宜取法孔子錄其近是者而表章之則其諸怪悖之說亦宜漸漸自廢不知文中子當時擬經之意如何某切深有取於其事以爲聖人復起不能易也天下所以不治只因文盛實衰人出己見新奇相高以眩俗取譽徒以亂天下之聰明塗天下之耳目使天下靡然爭務修飾文詞以求知於世而不復知有敦本尙實反朴還淳之行是皆著述者有以啓之愛曰著述亦有不可缺者如春秋一經若無左傳恐亦難曉先生曰春秋必待傳而後明是歇後謎語矣聖人何苦爲此艱深隱晦之詞左傳多是魯史舊文若春秋須此而後明孔子何必削之愛曰伊川亦云傳是案經是斷如書弒某君伐某國若不明其事恐亦難斷先生曰伊川此言恐亦是相沿世儒之說未得聖人作經之意如書弒君卽弒君便是罪何必更問其弒君之詳征伐當自天子出書伐國卽伐國

便是罪何必更問其伐國之詳聖人述六經只是要正人心只是要存天理去人欲於存天理去人欲之事則嘗言之或因人請問各隨分量而說亦不肯多道恐人專求之言語故曰予欲無言若是一切縱人欲滅天理的事又安肯詳以示人是長亂導奸也故孟子云仲尼之門無道桓文之事者是以後世無傳焉此便是孔門家法世儒只講得一箇伯者的學問所以要知得許多陰謀詭計純是一片功利的心與聖人作經的意思正相反如何思量得通因嘆曰此非達天德者未易與言此也又曰孔子云吾猶及史之闕文也孟子云盡信書不如無書吾於武成取二三策而已孔子刪書於唐虞夏四五百年間不過數篇豈更無一事而所述止此聖人之意可知矣聖人只是要刪去繁文後儒卻只要添上愛曰聖人作經只是要去人欲存天理如五伯以下事聖人不欲詳以示人則誠然矣至如堯舜以前事如何略不少見先生曰羲黃之世其事闊疏傳之者鮮矣此亦可以想見其時全是淳龐朴素略無文采的氣象此便是太古之治非後世可及愛曰如三墳之類亦

有傳者孔子何以刪之先生曰縱有傳者亦於世變漸非所宜風氣益開文采日勝至於周末雖欲變以夏商之俗已不可挽況唐虞乎又況羲黃之世乎然其治不同其道則一孔子於堯舜則祖述之於文武則憲章之文武之法卽是堯舜之道但因時致治其設施政令已自不同卽夏商事業施之於周已有不合故周公思兼三王其有不合仰而思之夜以繼日況太古之治豈復能行斯固聖人之所可略也又曰專事無爲不能如三王之因時致治而必欲行以太古之俗卽是佛老的學術因時致治不能如三王之一本於道而以功利之心行之卽是伯者以下事業後世儒者許多講來講去只是講得箇伯術

又曰唐虞以上之治後世不可復也略之可也三代以下之治後世不可法也削之可也惟三代之治可行然而世之論三代者不明其本而徒事其末則亦不可復矣

愛曰先儒論六經以春秋爲史史專記事恐與五經事體終或稍異先生曰以

事言謂之史以道言謂之經事卽道道卽事春秋亦經五經亦史易是包犧氏之史書是堯舜以下史禮樂是三代史其事同其道同安有所謂異

又曰五經亦只是史史以明善惡示訓戒善可爲訓者時存其迹以示法惡可爲戒者存其戒而削其事以杜奸愛曰存其迹以示法亦是存天理之本然削其事以杜奸亦是遏人欲於將萌否先生曰聖人作經固無非是此意然又不必泥着文句愛又問惡可爲戒者存其戒而削其事以杜奸何獨於詩而不删鄭衞先儒謂惡者可以懲創人之逸志然否先生曰詩非孔門之舊本矣孔子云放鄭聲鄭聲淫又曰惡鄭聲之亂雅樂也鄭衞之音亡國之音也此是孔門家法孔子所定三百篇皆所謂雅樂皆可奏之郊廟奏之鄉黨皆所以宣暢和平涵泳德性移風易俗安得有此是長淫導奸矣此必秦火之後世儒附會以足三百篇之數蓋淫泆之詞世俗多所喜傳如今閭巷皆然惡者可以懲創人之逸志是求其說而不得從而爲之辭

愛因舊說汨沒始聞先生之教實是駭愕不定無入頭處其後聞之旣久漸知

反身實踐然後始信先生之學爲孔門嫡傳舍是皆傍蹊小徑斷港絕河矣
如說格物是誠意的工夫明善是誠身的工夫窮理是盡性的工夫道問學是尊德性的工夫博文是約禮的工夫惟精是惟一的工夫諸如此類始皆落落難合其後思之既久不覺手舞足蹈

右曰仁所錄

陸澄問主一之功如讀書則一心在讀書上接客則一心在接客上可以爲主一乎先生曰好色則一心在好色上好貨則一心在好貨上可以爲主一乎是所謂逐物非主一也主一是專主一箇天理

問立志先生曰只念念要存天理卽是立志能不忘乎此久則自然心中凝聚猶道家所謂結聖胎也此天理之念常存馴至於美大聖神亦只從此一念存養擴充去耳

日間工夫覺紛擾則靜坐覺懶看書則且看書是亦因病而藥

處朋友務相下則得益相上則損

孟源有自是好名之病先生屢責之一日警責方已一友自陳日來工夫請正源從傍曰此方是尋着源舊時家當先生曰爾病又發源色變議擬欲有所辨先生曰爾病又發因喻之曰此是汝一生大病根譬如方丈地內種此一大樹雨露之滋土脈之力只滋養得這箇大根四傍縱要種些嘉穀上面被此樹葉遮覆下面被此樹根盤結如何生長得成須用伐去此樹纖根勿留方可種植嘉種不然任汝耕耘培壅只是滋養得此根

問後世著述之多恐亦有亂正學先生曰人心天理渾然聖賢筆之書如寫真傳神不過示人以形狀大略使之因此而討求其真耳其精神意氣言笑動止固有所不能傳也後世著述是又將聖人所畫摹倣謄寫而妄自分析加增以逞其技其失真愈遠矣

問聖人應變不窮莫亦是預先講求否先生曰如何講求得許多聖人之心如明鏡只是一箇明則隨感而應無物不照未有已往之形尚在未照之形先具者若後世所講卻是如此是以與聖人之學大背周公制禮作樂以文天

下皆聖人所能爲堯舜何不盡爲之而待於周公孔子刪述六經以詔萬世亦聖人所能爲周公何不先爲之而有待於孔子是知聖人遇此時方有此事只怕鏡不明不怕物來不能照講求事變亦是照時事然學者卻須先有箇明的工夫學者惟患此心之未能明不患事變之不能盡曰然則所謂沖漠無朕而萬象森然已具者其言何如曰是說本自好只不善看亦便有病痛

義理無定在無窮盡吾與子言不可以少有所得而遂謂止此也再言之十年二十年五十年未有止也他日又曰聖如堯舜然堯舜之上善無盡惡如桀紂然桀紂之下惡無盡使桀紂未死惡寧止此乎使善有盡時文王何以望道而未之見

問靜時亦覺意思好才遇事便不同如何先生曰是徒知靜養而不用克己工夫也如此臨事便要傾倒人須在事上磨方立得住方能靜亦定動亦定

問上達工夫先生曰後儒教人纔涉精微便謂上達未當學且說下學是分下

學上達爲二也夫目可得見耳可得聞口可得言心可得思者皆下學也目不可得見耳不可得聞口不可得言心不可得思者上達也如木之栽培灌漑是下學也至於日夜之所息條達暢茂乃是上達人安能預其力哉故凡可用功可告語者皆下學上達只在下學裏凡聖人所說雖極精微俱是下學學者只從下學裏用功自然上達去不必別尋箇上達的工夫

持志如心痛一心在痛上豈有工夫說閒話管閒事

問惟精惟一是如何用功先生曰惟一是惟精主意惟精是惟一功夫非惟精之外復有惟一也精字從米姑以米譬之要得此米純然潔白便是惟一意然非加舂簸篩揀惟精之工則不能純然潔白也舂簸篩揀是惟精之功然亦不過要此米到純然潔白而已博學審問愼思明辨篤行者皆所以爲惟精而求惟一也他如博文者卽約禮之功格物致知者卽誠意之功道問學卽尊德性之功明善卽誠身之功無二說也

知者行之始行者知之成聖學只一箇功夫知行不可分作兩事

漆雕開曰吾斯之未能信夫子說之子路使子羔爲費宰子曰賊夫人之子曾點言志夫子許之聖人之意可見矣

問寧靜存心時可爲未發之中否先生曰今人存心只定得氣當其寧靜時亦只是氣寧靜不可以爲未發之中曰未便是中莫亦是求中功夫曰只要去人欲存天理方是功夫靜時念念去人欲存天理動時念念去人欲存天理不管寧靜不寧靜若靠那寧靜不惟漸有喜靜厭動之弊中閒許多病痛只是潛伏在終不能絕去遇事依舊滋長以循理爲主何嘗不寧靜以寧靜爲主未必能循理

問孔門言志由求任政事公西赤任禮樂多少實用及曾皙說來卻似耍的事聖人卻許他是意何如曰三子是有意必有意必便偏着一邊能此未必能彼曾點這意思卻無意必便是素其位而行不願乎其外素夷狄行乎夷狄素患難行乎患難無入而不自得矣三子所謂汝器也曾點便有不器意然三子之才各卓然成章非若世之空言無實者故夫子亦皆許之

問知識不長進如何先生曰爲學須有本原須從本原上用力漸漸盈科而進仙家說嬰兒亦善譬嬰兒在母腹時只是純氣有何知識出胎後方始能啼既而後能笑又既而後能識認其父母兄弟又既而後能立能行能持能負卒乃天下之事無不可能皆是精氣日足則筋力日強聰明日開不是出胎日便講求推尋得來故須有箇本原聖人到位天地育萬物也只從喜怒哀樂未發之中上養來後儒不明格物之說見聖人無不知無不能便欲於初下手時講求得盡豈有此理又曰立志用功如種樹然方其根芽猶未有榦及其有榦尚未有枝枝而後葉葉而後花實初種根時只管栽培灌溉勿作枝想勿作葉想勿作花想勿作實想懸想何益但不忘栽培之功怕沒有枝葉花實

問看書不能明如何先生曰此只是在文義上穿求故不明如此又不如爲舊時學問他到看得多解得去只是他爲學雖極解得明曉亦終身無得須於心體上用功凡明不得行不去須反在自心上體當即可通蓋四書五經不

過說這心體這心體卽所謂道心體明卽是道明更無二此是爲學頭腦處

虛靈不昧衆理具而萬事出心外無理心外無事

或問晦庵先生曰人之所以爲學者心與理而已此語如何曰心卽性性卽理下一與字恐未免爲二此在學者善觀之

或曰人皆有是心心卽理何以有爲善有爲不善先生曰惡人之心失其本體

問析之有以極其精而不亂然後合之有以盡其大而無餘此言如何先生曰恐亦未盡此理豈容分析又何須湊合得聖人說精一自是盡

省察是有事時存養存養是無事時省察

澄嘗問象山在人情事變上做工夫之說先生曰除了人情事變則無事矣喜怒哀樂非人情乎自視聽言動以至富貴貧賤患難死生皆事變也事變亦只在人情裏其要只在致中和致中和只在謹獨

澄問仁義禮智之名因已發而有曰然他日澄曰惻隱羞惡辭讓是非是性之表德邪曰仁義禮智也是表德性一而已自其形體也謂之天主宰也謂之

帝流行也謂之命賦於人也謂之性主於身也謂之心心之發也遇父便謂之孝遇君便謂之忠自此以往名至於無窮只一性而已猶人一而已對父謂之子對子謂之父自此以往至於無窮只一人而已人只要在性上用功看得一性字分明卽萬理燦然

一日論爲學工夫先生曰教人爲學不可執一偏初學時心猿意馬拴縛不定其所思慮多是人欲一邊故且教之靜坐息思慮久之俟其心意稍定只懸空靜守如槁木死灰亦無用須教他省察克治省察克治之功則無時而可閒如去盜賊須有箇掃除廓清之意無事時將好色好貨好名等私逐一追究搜尋出來定要拔去病根永不復起方始爲快常如猫之捕鼠一眼看着一耳聽着纔有一念萌動卽與克去斬釘截鐵不可姑容與他方便不可窩藏不可放他出路方是眞實用功方能掃除廓清到得無私可克自有端拱時在雖曰何思何慮非初學時事初學必須思省察克治卽是思誠只思一箇天理到得天理純全便是何思何慮矣

澄問有人夜怕鬼者奈何先生曰只是平日不能集義而心有所慊故怕若素行合於神明何怕之有子莘曰正直之鬼不須怕恐邪鬼不管人善惡故未免怕先生曰豈有邪鬼能迷正人乎只此一怕即是心邪故有迷之者非鬼迷也心自迷耳如人好色即是色鬼迷好貨即是貨鬼迷怒所不當怒是怒鬼迷懼所不當懼是懼鬼迷也

定者心之本體天理也動靜所遇之時也

澄問學庸同異先生曰子思括大學一書之義爲中庸首章

問孔子正名先儒說上告天子下告方伯廢輒立郢此意如何先生曰恐難如此豈有一人致敬盡禮待我而爲政我就先去廢他豈人情天理孔子既肯與輒爲政必已是他能傾心委國而聽聖人盛德至誠必已感化衞輒使知無父之不可以爲人必將痛哭奔走往迎其父父子之愛本於天性輒能悔痛真切如此蒯聵豈不感動底豫蒯聵既還輒乃致國請戮聵已見化於子又有夫子至誠調和其閒當亦決不肯受仍以命輒羣臣百姓又必欲得輒

爲君輒乃自暴其罪惡請於天子告於方伯諸侯而必欲致國於父瞶與羣臣百姓亦皆表輒悔悟仁孝之美請於天子告於方伯諸侯必欲得輒而爲之君於是集命於輒使之復君衞國輒不得已乃如後世上皇故事率羣臣百姓尊瞶爲太公備物致養而始退復其位焉則君君臣臣父父子子名正言順一舉而可爲政於天下矣孔子正名或是如此

澄在鴻臚寺倉居忽家信至言兒病危澄心甚憂悶不能堪先生曰此時正宜用功若此時放過閑時講學何用人正要在此等時磨鍊父之愛子自是至情然天理亦自有箇中和處過卽是私意人於此處多認做天理當憂則一向憂苦不知已是有所憂患不得其正大抵七情所感多只是過少不及者才過便非心之本體必須調停適中始得就如父母之喪人子豈不欲一哭便死方快於心然卻曰毀不滅性非聖人強制之也天理本體自有分限不可過也人但要識得心體自然增減分毫不得

不可謂未發之中常人俱有蓋體用一源有是體卽有是用有未發之中卽有

發而皆中節之和今人未能有發而皆中節之和須知是他未發之中亦未能全得

易之辭是初九潛龍勿用六字易之象是初畫易之變是値其畫易之占是用其辭

夜氣是就常人說學者能用功則日間有事無事皆是此氣翕聚發生處聖人則不消說夜氣

澄問操存舍亡章曰出入無時莫知其鄉此雖就常人心說學者亦須是知得心之本體亦元是如此則操存功夫始沒病痛不可便謂出爲亡入爲存若論本體元是無出無入的若論出入則其思慮運用是出然主宰常昭昭在此何出之有旣無所出何入之有程子所謂腔子亦只是天理而已雖終日應酬而不出天理卽是在腔子裏若出天理斯謂之放斯謂之亡又曰出入亦只是動靜動靜無端豈有鄉邪

王嘉秀問佛以出離生死誘人入道仙以長生久視誘人入道其心亦不是要

人做不好究其極至亦是見得聖人上一截然非入道正路如今仕者有由科有由貢有由傳奉一般做到大官畢竟非入仕正路君子不由也仙佛到極處與儒者略同但有了上一截遺了下一截終不似聖人之全然其上一截同者不可誣也後世儒者又只得聖人下一截分裂失真流而爲記誦詞章功利訓詁亦卒不免爲異端是四家者終身勞苦於身心無分毫益視彼仙佛之徒清心寡慾超然於世累之外者反若有所不及矣今學者不必先排仙佛且當篤志爲聖人之學聖人之學明則仙佛自泯不然則此之所學恐彼或有不屑而反欲其俯就不亦難乎鄙見如此先生以爲何如先生曰所論大略亦是但謂上一截下一截亦是人見偏了如此若論聖人大中至正之道徹上徹下只是一貫更有甚上一截下一截一陰一陽之謂道但仁者見之便謂之仁知者見之便謂之智百姓又日用而不知故君子之道鮮矣仁智豈可不謂之道但見得偏了便有弊病

蓍固是易龜亦是易

問孔子謂武王未盡善恐亦有不滿意先生曰在武王自合如此曰使文王未沒畢竟如何曰文王在時天下三分已有其二若到武王伐商之時文王若在或者不致興兵必然這一分亦來歸了文王只善處紂使不得縱惡而已

問孟子言執中無權猶執一先生曰中只是天理只是易隨時變易如何執得須是因時制宜難預先定一箇規矩在如後世儒者要將道理一一說得無罅漏立定箇格式此正是執一

唐詡問立志是常存箇善念要爲善去惡否曰善念存時卽是天理此念卽善更思何善此念非惡更去何惡此念如樹之根芽立志者長立此善念而已

從心所欲不踰矩只是志到熟處

精神道德言動大率收斂爲主發散是不得已天地人物皆然

問文中子是如何人先生曰文中子庶幾具體而微惜其蚤死問如何卻有續經之非曰續經亦未可盡非請問良久曰更覺良工心獨苦

許魯齋謂儒者以治生爲先之說亦誤人

問仙家元氣元神元精先生曰只一件流行爲氣凝聚爲精妙用爲神

喜怒哀樂本體自是中和的纔自家着些意思便過不及便是私

問哭則不歌先生曰聖人心體自然如此

克己須要掃除廓清一毫不存方是有一毫在則衆惡相引而來

問律呂新書先生曰學者當務爲急算得此數熟亦恐未有用必須心中先具禮樂之本方可且如其書說多用管以候氣然至冬至那一刻時管灰之飛或有先後須臾之間焉知那管正值冬至之刻須自心中先曉得冬至之刻始得此便有不通處學者須先從禮樂本原上用功

曰仁云心猶鏡也聖人心如明鏡常人心如昏鏡近世格物之說如以鏡照物照上用功不知鏡尚昏在何能照先生之格物如磨鏡而使之明磨上用功明了後亦未嘗廢照

問道之精粗先生曰道無精粗人之所見有精粗如這一間房人初進來只見一箇大規模如此處久便柱壁之類一一看得明白再久如柱上有些文藻

細細都看出來然只是一閑房

先生曰諸公近見時少疑問何也人不用功莫不自以爲已知爲學只循而行之是矣殊不知私欲□生如地上塵一日不掃便又有一層着實用功便見道無終窮愈探愈深必使精白無一毫不徹方可

問知至然後可以言誠意今天理人欲知之未盡如何用得克己工夫先生曰人若真實切己用功不已則於此心天理之精微日見一日私欲之細微亦日見一日若不用克己工夫終日只是說話而已天理終不自見私欲亦終不自見如人走路一般走得一段方認得一段走到歧路處有疑便問問了又走方漸能到得欲到之處今人於已知之天理不肯存已知之人欲不肯去且只管愁不能盡知只管閑講何益之有且待克得自己無私可克方愁不能盡知亦未遲在

問道一而已古人論道往往不同求之亦有要乎先生曰道無方體不可執着却拘滯於文義上求道遠矣如今人只說天其實何嘗見天謂日月風雷即

天不可謂人物草木不是天亦不可道卽是天若識得時何莫而非道人但各以其一隅之見認定以爲道止如此所以不同若解向裏尋求見得自己心體卽無時無處不是此道亘古亘今無終無始更有甚同異心卽道道卽天知心則知道知天又曰諸君要實見此道須從自己心上體認不假外求始得

問名物度數亦須先講求否先生曰人只要成就自家心體則用在其中如養得心體果有未發之中自然有發而中節之和自然無施不可苟無是心雖預先講得世上許多名物度數與己原不相干只是裝綴臨時自行不去亦不是將名物度數全然不理只要知所先後則近道又曰人要隨才成就才是其所能爲如夔之樂稷之種是他資性合下便如此成就之者亦只是要他心體純乎天理其運用處皆從天理上發來然後謂之才到得純乎天理處亦能不器使夔稷易藝而爲當亦能之又曰如素富貴行乎富貴素患難行乎患難皆是不器此惟養得心體正者能之

與其爲數頃無源之塘水不若爲數尺有源之井水生意不窮時先生在塘邊坐傍有井故以之喻學云

問世道日降太古時氣象如何復見得先生曰一日便是一元人平旦時起坐未與物接此心清明景象便如在伏羲時遊一般

問心要逐物如何則可先生曰人君端拱清穆六卿分職天下乃治心統五官亦要如此今眼要視時心便逐在色上耳要聽時心便逐在聲上如人君要選官時便自去坐在吏部要調軍時便自去坐在兵部如此豈惟失卻君體六卿亦皆不得其職

善念發而知之而充之惡念發而知之而遏之知與充與遏者志也天聰明也聖人只有此學者當存此

澄曰好色好利好名等心固是私欲如閒思雜慮如何亦謂之私欲先生曰畢竟從好色好利好名等根上起自尋其根便見如汝心中決知是無有做劫盜的思慮何也以汝元無是心也汝若於貨色名利等心一切皆如不做劫

滋之心一般都消滅了光光只是心之本體看有甚閑思慮此便是寂然不動便是未發之中便是廓然大公自然感而遂通自然發而中節自然物來順應

問志至氣次先生曰志之所至氣亦至焉之謂非極至次貳之謂持其志則養氣在其中無暴其氣則亦持其志矣孟子救告子之偏故如此夾持說

問先儒曰聖人之道必降而自卑賢人之言則引而自高如何先生曰不然如此卻乃僞也聖人如天無往而非天三光之上天也九地之下亦天也天何嘗有降而自卑此所謂大而化之也賢人如山嶽守其高而已然百仞者不能引而爲千仞千仞者不能引而爲萬仞是賢人未嘗引而自高也引而自高則僞矣

問伊川謂不當於喜怒哀樂未發之前求中延平卻教學者看未發之前氣象何如先生曰皆是也伊川恐人於未發前討箇中把中做一物看如吾向所謂認氣定時做中故令只於涵養省察上用功延平恐人未便有下手處故

令人時時刻刻求未發前氣象使人正目而視惟此傾耳而聽惟此即是戒慎不睹恐懼不聞的工夫皆古人不得已誘人之言也

澄問喜怒哀樂之中和其全體常人固不能有如一件小事當喜怒者平時無有喜怒之心至其臨時亦能中節亦可謂之中和乎先生曰在一時一事固亦可謂之中和然未可謂之大本達道人性皆善中和是人人原有的豈可謂無但常人之心既有所昏蔽則其本體雖亦時時發見終是暫明暫滅非其全體大用矣無所不中然後謂之大本無所不和然後謂之達道惟天下之至誠然後能立天下之大本曰澄於中字之義尚未明曰此須自心體認出來非言語所能喻中只是天理曰何者爲天理曰去得人欲便識天理曰天理何以謂之中曰無所偏倚曰無所偏倚是何等氣象曰如明鏡然全體瑩徹略無纖塵染着曰偏倚是有所染着如着在好色好利好名等項上方見得偏倚若未發時美色名利皆未相着何以便知其有所偏倚曰雖未相着然平日好色好利好名之心原未嘗無既未嘗無即謂之有既謂之有則

亦不可謂無偏倚譬之病瘧之人雖有時不發而病根原不曾除則亦不得謂之無病之人矣須是平日好色好利好名等項一應私心掃除蕩滌無復纖毫留滯而此心全體廓然純是天理方可謂之喜怒哀樂未發之中方是天下之大本

問顏子沒而聖學亡此語不能無疑先生曰見聖道之全者惟顏子觀喟然一嘆可見其謂夫子循循然善誘人博我以文約我以禮是見破後如此說博文約禮如何是善誘人學者須思之道之全體聖人亦難以語人須是學者自修自悟顏子雖欲從之末由也已卽文王望道未見意望道未見乃是真見顏子沒而聖學之正派遂不盡傳矣

問身之主爲心心之靈明是知知之發動是意意之所着爲物是如此否先生曰亦是

只存得此心常見在便是學過去未來事思之何益徒放心耳

言語無序亦足以見心之不存

尙謙問孟子之不動心與告子異先生曰告子是硬把捉着此心要他不動孟子卻是集義到自然不動又曰心之本體原自不動心之本體卽是性性卽是理性元不動理元不動集義是復其心之本體

萬象森然時亦沖漠無朕沖漠無朕卽萬象森然沖漠無朕者一之父萬象森然者精之母一中有精精中有一

心外無物如吾心發一念孝親卽孝親便是物

先生曰今爲吾所謂格物之學者尙多流於口耳況爲口耳之學者能反於此乎天理人欲其精微必時時用力省察克治方日漸有見如今一說話之間雖只講天理不知心中倏忽之閒已有多少私欲蓋有竊發而不知者雖用力察之尙不易見況徒口講而可得盡知乎今只管講天理來頓放着不循講人欲來頓放着不去豈格物致知之學後世之學其極至只做得箇義襲而取的工夫

問格物先生曰格者正也正其不正以歸於正也

問知止者知至善只在吾心元不在外也而后志定曰然

問格物於動處用功否先生曰格物無間動靜靜亦物也孟子謂必有事焉是動靜皆有事

工夫難處全在格物致知上此卽誠意之事意旣誠大段心亦自正身亦自修但正心修身工夫亦各有用力處修身是已發邊正心是未發邊心正則中身修則和

自格物致知至平天下只是一箇明明德雖親民亦明德事也明德是此心之德卽是仁仁者以天地萬物爲一體使有一物失所便是吾仁有未盡處只說明明德而不說親民便似老佛

至善者性也性元無一毫之惡故曰至善止之是復其本然而已

問知至善卽吾性吾性具吾心吾心乃至善所止之地則不爲向時之紛然外求而志定矣定則不擾擾而靜靜而不妄動則安安則一心一意只在此處千思萬想務求必得此至善是能慮而得矣如此說是否先生曰大略亦是

問程子云仁者以天地萬物爲一體何墨氏兼愛反不得謂之仁先生曰此亦甚難言須是諸君自體認出來始得仁是造化生生不息之理雖瀰漫周遍無處不是然其流行發生亦只有箇漸所以生生不息如冬至一陽生必自一陽生而後漸漸至於六陽若無一陽之生豈有六陽陰亦然惟其漸所以便有箇發端處惟其有箇發端處所以生惟其生所以不息譬之木其始抽芽便是木之生意發端處抽芽然後發幹發幹然後生枝生葉然後是生生不息若無芽何以有幹有枝葉能抽芽必是下面有箇根在有根方生無根便死無根何從抽芽父子兄弟之愛便是人心生意發端處如木之抽芽自此而仁民而愛物便是發幹生枝生葉墨氏兼愛無差等將自家父子兄弟與途人一般看便自沒了發端處不抽芽便知得他無根便不是生生不息安得謂之仁孝弟爲仁之本卻是仁理從裏面發生出來

問延平云當理而無私心當理與無私心如何分別先生曰心卽理也無私心卽是當理未當理便是私心若析心與理言之恐亦未善又問釋氏於世間

一切情欲之私都不染着似無私心但外棄人倫卻似未當理曰亦只是一統事都只是成就他一箇私己的心

侃問持志如心痛一心在痛上安有工夫說閑話管閑事先生曰初學工夫如此用亦好但要使知出入無時莫知其鄉心之神明原是如此工夫方有着落若只死死守着恐於工夫上又發病

侃問專涵養而不務講求將認欲作理則如之何先生曰人須是知學講求亦只是涵養不講求只是涵養之志不切曰何謂知學曰且道爲何而學學箇甚曰嘗聞先生教學是學存天理心之本體卽是天理體認天理只要自心地無私意曰如此則只須克去私意便是又愁甚理欲不明曰正恐這些私意認不真曰總是志未切志切目視耳聽皆在此安有認不真的道理是非之心人皆有之不假外求講求亦只是體當自心所見不成去心外別有箇見

先生問在坐之友比來工夫何似一友舉虛明意思先生曰此是說光景一友

敘今昔異同先生曰此是說效驗二友惘然請是先生曰吾輩今日用功只是要爲善之心眞切此心眞切見善卽遷有過卽改方是眞切工夫如此則人欲日消天理日明若只管求光景說效驗卻是助長外馳病痛不是工夫

朋友觀書多有摘議晦庵者先生曰是有心求異卽不是吾說與晦庵時有不同者爲入門下手處有毫釐千里之分不得不辯然吾之心與晦庵之心未嘗異也若其餘文義解得明當處如何動得一字

希淵問聖人可學而至然伯夷伊尹於孔子才力終不同其同謂之聖者安在先生曰聖人之所以爲聖只是其心純乎天理而無人欲之雜猶精金之所以爲精但以其成色足而無銅鉛之雜也人到純乎天理方是聖金到足色方是精然聖人之才力亦有大小不同猶金之分兩有輕重堯舜猶萬鎰文王孔子有九千鎰禹湯武王猶七八千鎰伯夷伊尹猶四五千鎰才力不同而純乎天理則同皆可謂之聖人猶分兩雖不同而足色則同皆可謂之精金以五千鎰者而入於萬鎰之中其足色同也以夷尹而廁之堯孔之閒其

純乎天理同也蓋所以爲精金者在足色而不在分兩所以爲聖者在純乎天理而不在才力也故雖凡人而肯爲學使此心純乎天理則亦可爲聖人猶一兩之金比之萬鎰分兩雖懸絕而其到足色處可以無愧故曰人皆可以爲堯舜者以此學者學聖人不過是去人欲而存天理耳猶鍊金而求其足色金之成色所爭不多則煅鍊之工省而功易成成色愈下則煅鍊愈難人之氣質清濁粹駁有中人以上中人以下其於道有生知安行學知利行其下者必須人一己百人十己千及其成功則一後世不知作聖之本是純乎天理卻專去知識才能上求聖人以爲聖人無所不知無所不能我須是將聖人許多知識才能逐一理會始得故不務去天理上着工夫徒弊精竭力從冊子上鑽研名物上考索形迹上比擬知識愈廣而人欲愈滋才力愈多而天理愈蔽正如見人有萬鎰精金不務煅鍊成色求無愧於彼之精純而乃妄希分兩務同彼之萬鎰錫鉛銅鐵雜然而投分兩愈增而成色愈下既其梢末無復有金矣時曰仁在傍曰先生此喻足以破世儒支離之惑大

有功於後學先生又曰吾輩用功只求日減不求日增減得一分人欲便是復得一分天理何等輕快脫灑何等簡易

士德問曰格物之說如先生所教明白簡易人人見得文公聰明絕世於此反有未審何也先生曰文公精神氣魄大是他早年合下便要繼往開來故一向只就考索著述上用功若先切己自修自然不暇及此到得德盛後果憂道之不明如孔子退修六籍刪繁就簡開示來學亦大段不費甚考索文公早歲便著許多書晚年方悔是倒做了士德曰晚年之悔如謂向來定本之悟又謂雖讀得書何益於吾事又謂此與守書籍泥言語全無交涉是他到此方悔從前用功之錯方去切己自修矣曰然此是文公不可及處他力量大一悔便轉可惜不久即去世平日許多錯處皆不及改正

侃去花間草因曰天地間何善難培惡難去先生曰未培未去耳少間曰此等看善惡皆從軀殼起念便會錯侃未達曰天地生意花草一般何曾有善惡之分子欲觀花則以花為善以草為惡如欲用草時復以草為善矣此等善

惡皆由汝心好惡所生故知是錯曰然則無善無惡乎曰無善無惡者理之靜有善有惡者氣之動不動於氣卽無善無惡是謂至善曰佛氏亦無善無惡何以異曰佛氏着在無善無惡上便一切都不管不可以治天下聖人無善無惡只是無有作好無有作惡不動於氣然遵王之道會其有極便自一循天理便有箇裁成輔相曰草既非惡卽草不宜去矣曰如此卻是佛老意見草若有礙何妨汝去曰如此又是作好作惡曰不作好惡非是全無好惡卻是無知覺的人謂之不作者只是好惡一循於理不去又着一分意思如此卽是不曾好惡一般曰去草如何是一循於理不着意思曰草有妨礙理亦宜去去之而已偶未卽去亦不累心若着了一分意思卽心體便有貽累便有許多動氣處曰然則善惡全不在物曰只在汝心循理便是善動氣便是惡曰畢竟物無善惡曰在心如此在物亦然世儒惟不知此舍心逐物將格物之學錯看了終日馳求於外只做得箇義襲而取終身行不著習不察曰如好好色如惡惡臭則如何曰此正是一循於理是天理合如此本無私

意作好作惡曰如好好色如惡惡臭安得非意曰卻是誠意不是私意誠意只是循天理雖是循天理亦着不得一分意故有所忿懥好樂則不得其正須是廓然大公方是心之本體知此卽知未發之中伯生曰先生云草有妨礙理亦宜去緣何又是軀殼起念曰此須汝心自體當汝要去草是甚麼心周茂叔窗前草不除是甚麼心

先生謂學者曰爲學須得箇頭腦工夫方有着落縱未能無間如舟之有舵一提便醒不然雖從事於學只做箇義襲而取只是行不著習不察非大本達道也又曰見得時橫說豎說皆是若於此處通彼處不通只是未見得

或問爲學以親故不免業舉之累先生曰以親之故而業舉爲累於學則治田以養其親者亦有累於學乎先正云惟患奪志但恐爲學之志不眞切耳

崇一問尋常意思多忙有事固忙無事亦忙何也先生曰天地氣機元無一息之停然有箇主宰故不先不後不急不緩雖千變萬化而主宰常定人得此而生若主宰定時與天運一般不息雖酬酢萬變常是從容自在所謂天君

泰然百體從令若無主宰便只是這氣奔放如何不忙

先生曰爲學大病在好名侃曰從前歲自謂此病已輕比來精察乃知全未豈必務外爲人只聞譽而喜聞毀而悶卽是此病發來曰最是名與實對務實之心重一分則務名之心輕一分全是務實之心卽全無務名之心若務實之心如饑之求食渴之求飮安得更有工夫好名又曰疾沒世而名不稱稱字去聲讀亦聲聞過情君子恥之之意實不稱名生猶可補沒則無及矣四十五十而無聞是不聞道非無聲聞也孔子云是聞也非達也安肯以此望人

侃多悔先生曰悔悟是去病之藥然以改之爲貴若留滯於中則又因藥發病

德章曰聞先生以精金喻聖以分兩喻聖人之分量以鍛鍊喻學者之工夫最爲深切惟謂堯舜爲萬鎰孔子爲九千鎰疑未安先生曰此又是軀殼上起念故替聖人爭分兩若不從軀殼上起念卽堯舜萬鎰不爲多孔子九千鎰不爲少堯舜萬鎰只是孔子的孔子九千鎰只是堯舜的原無彼我所以謂

之聖只論精一不論多寡只要此心純乎天理處同便同謂之聖若是力量氣魄如何盡同得後儒只在分兩上較量所以流入功利若除去了比較分兩的心各人儘着自己力量精神只在此心純天理上用功卽人人自有箇箇圓成便能大以成大小以成小不假外慕無不具足此便是實實落落明善誠身的事後儒不明聖學不知就自己心地良知良能上體認擴充卻去求知其所不知求能其所不能一味只是希高慕大不知自己是桀紂心地動輒要做堯舜事業如何做得終年碌碌至於老死竟不知成就了箇甚麼可哀也已

侃問先儒以心之靜爲體心之動爲用如何先生曰心不可以動靜爲體用動靜時也卽體而言用在體卽用而言體在用是謂體用一源若說靜可以見其體動可以見其用卻不妨

問上智下愚如何不可移先生曰不是不可移只是不肯移

問子夏門人問交章先生曰子夏是言小子之交子張是言成人之交若善用

之亦俱是

子仁問學而時習之不亦說乎先儒以學為效先覺之所為如何先生曰學是學去人欲存天理從事於去人欲存天理則自正諸先覺考諸古訓自下許多問辨思索存省克治工夫然不過欲去此心之人欲存吾心之天理耳若曰效先覺之所為則只說得學中一件事亦似專求諸外了時習者坐如尸非專習坐也坐時習此心也立如齋非專習立也立時習此心也說是理義之說我心之說人心本自說理義如目本說色耳本說聲惟為人欲所蔽所累始有不說今人欲日去則理義日洽浹安得不說

國英問曾子三省雖切恐是未聞一貫時工夫先生曰一貫是夫子見曾子未得用功之要故告之學者果能忠恕上用功豈不是一貫一如樹之根本貫如樹之枝葉未種根何枝葉之可得體用一源體未立用安從生謂曾子於其用處蓋已隨事精察而力行之但未知其體之一此恐未盡

黃誠甫問汝與回也孰愈章先生曰子貢多學而識在聞見上用功顏子在心

地上用功故聖人問以啓之而子貢所對又只在知見上故聖人嘆惜之非許之也

顏子不遷怒不貳過亦是有未發之中始能

種樹者必培其根種德者必養其心欲樹之長必於始生時刪其繁枝欲德之盛必於始學時去夫外好如外好詩文則精神日漸漏泄在詩文上去凡百外好皆然又曰我此論學是無中生有的工夫諸公須要信得及只是立志學者一念爲善之志如樹之種但勿助勿忘只管培植將去自然日夜滋長生氣日完枝葉日茂樹初生時便抽繁枝亦須刊落然後根榦能大初學時亦然故立志貴專一

因論先生之門某人在涵養上用功某人在識見上用功先生曰專涵養者日見其不足專識見者日見其有餘日不足者日有餘矣日有餘者日不足矣

梁日孚問居敬窮理是兩事先生以爲一事何如先生曰天地間只有此一事安有兩事若論萬殊禮儀三百威儀三千又何止兩公且道居敬是如何窮

理是如何曰居敬是存養工夫窮理是窮事物之理曰存養箇甚曰是存養
此心之天理曰如此亦只是窮理矣曰且道如何窮事物之理曰如事親便
要窮孝之理事君便要窮忠之理曰忠與孝之理在君親身上在自己心上
若在自己心上亦只是窮此心之理矣且道如何是敬曰只是主一如何是
主一曰如讀書便一心在讀書上接事便一心在接事上曰如此則飲酒便
一心在飲酒上好色便一心在好色上卻是逐物成甚居敬功夫日孚請問
曰一者天理主一是一心在天理上若只知主一不知一即是理有事時便
是逐物無事時便是着空惟其有事無事一心皆在天理上用功所以居敬
亦卽是窮理就窮理專一處說便謂之居敬就居敬精密處說便謂之窮理
卻不是居敬了別有箇心窮理窮理時別有箇心居敬名雖不同功夫只是
一事就如易言敬以直內義以方外敬卽是無事時義義卽是有事時敬兩
句合說一件如孔子言修己以敬卽不須言義孟子言集義卽不須言敬會
得時橫說豎說工夫總是一般若泥文逐句不識本領卽支離決裂工夫都

無下落問窮理何以卽是盡性曰心之體性也性卽理也窮仁之理真要仁極仁窮義之理真要義極義仁義只是吾性故窮理卽是盡性如孟子說充其惻隱之心至仁不可勝用這便是窮理工夫曰孚曰先儒謂一草一木亦皆有理不可不察如何先生曰夫我則不暇公且先去理會自己性情須能盡人之性然後能盡物之性曰孚悚然有悟

惟乾問知如何是心之本體先生曰知是理之靈處就其主宰處說便謂之心就其稟賦處說便謂之性孩提之童無不知愛其親無不知敬其兄只是這箇靈能不爲私欲遮隔充拓得盡便完完是他本體便與天地合德自聖人以下不能無蔽故須格物以致其知

守衡問大學工夫只是誠意誠意工夫只是格物修齊治平只誠意盡矣又有正心之功有所忿懥好樂則不得其正何也先生曰此要自思得之知此則知未發之中矣守衡再三請曰爲學工夫有淺深初時若不着實用意去好善惡惡如何能爲善去惡這着實用意便是誠意然不知心之本體原無一

物一向着意去好善惡惡便又多了這分意思便不是廓然大公書所謂無有作好作惡方是本體所以說有所忿懥好樂則不得其正正心只是誠意工夫裏面體當自家心體常要鑑空衡平這便是未發之中

正之問戒懼是己所不知時工夫慎獨是己所獨知時工夫此說如何先生曰只是一箇工夫無事時固是獨知有事時亦是獨知人若不知於此獨知之地用力只在人所共知處用功便是作僞便是見君子而後厭然此獨知處便是誠的萌芽此處不論善念惡念更無虛假一是百是一錯百錯正是王霸義利誠僞善惡界頭於此一立立定便是端本澄源便是立誠古人許多誠身的工夫精神命脈全體只在此處真是莫見莫顯無時無處無終無始只是此箇工夫今若又分戒懼爲己所不知卽工夫便支離亦有閒斷旣戒懼卽是知己若不知是誰戒懼如此見解便要流入斷滅禪定曰不論善念惡念更無虛假則獨知之地更無無念時邪曰戒懼亦是念戒懼之念無時可息若戒懼之心稍有不存不是昏瞶便已流入惡念自朝至暮自少至老

若要無念卽是已不知此除是昏睡除是槁木死灰

志道問荀子云養心莫善於誠先儒非之何也先生曰此亦未可便以爲非誠字有以工夫說者誠是心之本體求復其本體便是思誠的工夫明道說以誠敬存之亦是此意大學欲正其心先誠其意荀子之言固多病然不可一例吹毛求疵大凡看人言語若先有箇意見便有過當處爲富不仁之言孟子有取於陽虎此便見聖賢大公之心

蕭惠問己私難克奈何先生曰將汝己私來替汝克先生曰人須有爲己之心方能克己能克己方能成己蕭惠曰惠亦頗有爲己之心不知緣何不能克己先生曰且說汝有爲己之心是如何惠良久曰惠亦一心要做好人便自謂頗有爲己之心今思之看來亦只是爲得箇軀殼的己不曾爲箇真己先生曰真己何曾離着軀殼恐汝連那軀殼的己也不曾爲且道汝所謂軀殼的己豈不是耳目口鼻四肢惠曰正是爲此目便要色耳便要聲口便要味四肢便要逸樂所以不能克先生曰美色令人目盲美聲令人耳聾美味令

人口爽馳騁田獵令人發狂這都是害汝耳目口鼻四肢的豈得是爲汝耳目口鼻四肢若爲着耳目口鼻四肢時便須思量耳如何聽目如何視口如何言四肢如何動必須非禮勿視聽言動方才成得箇耳目口鼻四肢這箇才是爲着耳目口鼻四肢汝今終日向外馳求爲名爲利這都是爲着軀殼外面的物事汝若爲着耳目口鼻四肢要非禮勿視聽言動時豈是汝之耳目口鼻四肢自能勿視聽言動須由汝心這視聽言動皆是汝心汝心之視發竅於目汝心之聽發竅於耳汝心之言發竅於口汝心之動發竅於四肢若無汝心便無耳目口鼻所謂汝心亦不專是那一團血肉若是那一團血肉如今已死的人那一團血肉還在緣何不能視聽言動所謂汝心卻是那能視聽言動的這箇便是性便是天理有這箇性才能生這性之生理便謂之仁這性之生理發在目便會視發在耳便會聽發在口便會言發在四肢便會動都只是那天理發生以其主宰一身故謂之心這心之本體原只是箇天理原無非禮這箇便是汝之真己這箇真己是軀殼的主宰若無真己

便無軀殼真是有之卽生無之卽死汝若真爲那箇軀殼的己必須用着這箇真己便須常常保守着這箇真己的本體戒慎不覩恐懼不聞惟恐虧損了他一些才有一毫非禮萌動便如刀割如針刺忍耐不過必須去了刀拔了針這才是有爲己之心方能克己汝今正是認賊作子緣何卻說有爲己之心不能克己

有一學者病目戚戚甚憂先生曰爾乃貴目賤心

蕭惠好仙釋先生警之曰吾亦自幼篤志二氏自謂既有所得謂儒者爲不足學其後居夷三載見得聖人之學若是其簡易廣大始自嘆悔錯用了三十年氣力大抵二氏之學其妙與聖人只有毫釐之閒汝今所學乃其土苴輒自信自好若此真鴟鴞竊腐鼠耳惠請問二氏之妙先生曰向汝說聖人之學簡易廣大汝卻不問我悟的只問我悔的惠慚謝請問聖人之學先生曰汝今只是了人事問待汝辦箇真要求爲聖人的心來與汝說惠再三請先生曰已與汝一句道盡汝尙自不會

劉觀時問未發之中是如何先生曰汝但戒愼不覩恐懼不聞養得此心純是天理便自然見觀時請略示氣象先生曰啞子喫苦瓜與你說不得你要知此苦還須你自喫時曰仁在傍曰如此才是眞知即是行矣一時在座諸友皆有省

蕭惠問死生之道先生曰知晝夜卽知死生問晝夜之道曰知晝則知夜曰晝亦有所不知乎先生曰汝能知晝懵懵而興蠢蠢而食行不著習不察終日昏昏只是夢晝惟息有養瞬有存此心惺惺明明天理無一息間斷才是能知晝這便是天德便是通乎晝夜之道而知更有甚麼死生

馬子莘問修道之教舊說謂聖人品節吾性之固有以爲法於天下若禮樂刑政之屬此意如何先生曰道卽性卽命本是完完全全增減不得不假修飾的何須要聖人品節卻是不完全的物件禮樂刑政是治天下之法固亦可謂之教但不是子思本旨若如先儒之說下面由教入道的緣何舍了聖人禮樂刑政之教別說出一段戒愼恐懼工夫卻是聖人之敎爲虛設矣子莘

請問先生曰子思性道教皆從本原上說天命於人則命便謂之性率性而行則性便謂之道修道而學則道便謂之教率性是誠者事所謂自誠明謂之性也修道是誠之者事所謂自明誠謂之教也聖人率性而行即是道聖人以下未能率性於道未免有過不及故須修道修道則賢知者不得而過愚不肖者不得而不及都要循着這箇道則道便是箇教此教字與天道至教風雨霜露無非教也之教同修道字與修道以仁同人能修道然後能不違於道以復其性之本體則亦是聖人率性之道矣下面戒慎恐懼便是修道的工夫中和便是復其性之本體如易所謂窮理盡性以至於命中和位育便是盡性至命

黃誠甫問先儒以孔子告顏淵爲邦之問是立萬世常行之道如何先生曰顏子具體聖人其於爲邦的大本大原都已完備夫子平日知之已深到此都不必言只就制度文爲上說此等處亦不可忽略須要是如此方盡善又不可因自己本領是當了便於防範上疏闊須是要放鄭聲遠佞人蓋顏子是

箇克己向裏德上用心的人孔子恐其外面末節或有疏略故就他不足處幫補說若在他人須告以爲政在人取人以身修身以道修道以仁達道九經及誠身許多工夫方始做得這箇方是萬世常行之道不然只去行了夏時乘了殷輅服了周冕作了韶舞天下便治得後人但見顏子是孔門第一人又問箇爲邦便把做天大事看了

蔡希淵問文公大學新本先格致而後誠意工夫似與首章次第相合若如先生從舊本之說卽誠意反在格致之前於此尚未釋然先生曰大學工夫卽是明明德明明德只是箇誠意誠意的工夫只是格物致知若以誠意爲主去用格物致知的工夫卽工夫始有下落卽爲善去惡無非是誠意的事如新本先去窮格事物之理卽茫茫蕩蕩都無着落處須用添箇敬字方才牽扯得向身心上來然終是沒根源若須用添箇敬字緣何孔門倒將一箇最緊要的字落了直待千餘年後要人來補出正謂以誠意爲主卽不須添敬字所以提出箇誠意來說正是學問的大頭腦處於此不察直所謂毫釐之

差千里之繆大抵中庸工夫只是誠身誠身之極便是至誠大學工夫只是誠意誠意之極便是至善工夫總是一般今說這裏補箇敬字那裏補箇誠字未免畫蛇添足

王文成公全書卷之一

語錄二　傳習錄中

德洪曰昔南元善刻傳習錄於越凡二冊下冊摘錄先師手書凡八篇其答徐成之二書吾師自謂天下是朱非陸論定既久一旦反之爲難二書姑爲調停兩可之說使人自思得之故元善錄爲下冊之首者意亦以是歟今朱陸之辨明於天下久矣洪刻先師文錄置二書於外集者示未全也故今不復錄其餘指知行之本體莫詳於答人論學與答周道通陸清伯歐陽崇一四書而謂格物爲學者用力日可見之地莫詳於答羅整菴一書平生冒天下之非詆推陷萬死一生遑遑然不忘講學惟恐吾人不聞斯道流於功利機智以日墮於夷狄禽獸而不覺其一體同物之心譊譊終身至於斃而後已此孔孟已來賢聖苦心雖門人子弟未足以慰其情也是情也莫詳於答聶文蔚之第一書此皆仍元善所錄之舊而揭必有事焉卽致良知功夫明白簡切使人言下卽得入

手此又莫詳於答文蔚之第二書故增錄之元善當時洶洶乃能以身明斯道卒至遭奸被斥油油然惟以此生得聞斯學爲慶而絕無有纖芥憤鬱不平之氣斯錄之刻人見其有功於同志甚大而不知其處時之甚艱也今所去取裁之時義則然非忍有所加損於其閒也

答顧東橋書

來書云近時學者務外遺內博而寡要故先生特倡誠意一義鍼砭膏肓誠大惠也

吾子洞見時弊如此矣亦將何以救之乎然則鄙人之心吾子固已一句道盡復何言哉復何言哉若誠意之說自是聖門教人用功第一義但近世學者乃作第二義看故稍與提掇緊要出來非鄙人所能特倡也

來書云但恐立說太高用功太捷後生師傳影響謬誤未免墜於佛氏明心見性定慧頓悟之機無怪聞者見疑

區區格致誠正之說是就學者本心日用事爲閒體究踐履實地用功是多少

次第多少積累在正與空虛頓悟之說相反聞者本無求爲聖人之志又未嘗講究其詳遂以見疑亦無足怪若吾子之高明自當一語之下便瞭然矣乃亦謂立說太高用功太捷何邪

來書云所喻知行並進不宜分別前後卽中庸尊德性而道問學之功交養互發內外本末一以貫之之道然工夫次第不能無先後之差如知食乃食知湯乃飲知衣乃服知路乃行未有不見是物先有是事此亦毫釐倏忽之閒非謂有等今日知之而明日乃行也

既云交養互發內外本末一以貫之則知行並進之說無復可疑矣又云工夫次第不能不無先後之差無乃自相矛盾已乎知食乃食等說此尤明白易見但吾子爲近聞障蔽自不察耳夫人必有欲食之心然後知食欲食之心卽是意卽是行之始矣食味之美惡必待入口而後知豈有不待入口而已先知食味之美惡者邪必有欲行之心然後知路欲行之心卽是意卽是行之始矣路岐之險夷必待身親履歷而後知豈有不待身親履歷而已先知路岐之險夷

者邪知湯乃飲知衣乃服以此例之皆無可疑若如吾子之喻是乃所謂不見是物而先有是事者矣吾子又謂此亦毫釐倏忽之閒非謂截然有等今日知之而明日乃行也是亦察之尚有未精然就如吾子之說則知行之爲合一並進亦自斷無可疑矣

來書云真知即所以爲行不行不足謂之知此爲學者喫緊立教俾務躬行則可若真謂行即是知恐其專求本心遂遺物理必有闇而不達之處抑豈聖門知行並進之成法哉

知之真切篤實處即是行行之明覺精察處即是知知行工夫本不可離只爲後世學者分作兩截用功失卻知行本體故有合一並進之說真知即所以爲行不行不足謂之知即如來書所云知食乃食等說可見前已略言之矣此雖喫緊救弊而發然知行之體本來如是非以己意抑揚其閒姑爲是說以苟一時之效者也專求本心遂遺物理此蓋失其本心者也夫物理不外於吾心外吾心而求物理無物理矣遺物理而求吾心吾心又何物邪心之體性也性即

理也故有孝親之心卽有孝之理無孝親之心卽無孝之理矣有忠君之心卽有忠之理無忠君之心卽無忠之理矣理豈外於吾心邪晦菴謂人之所以爲學者心與理而已心雖主乎一身而實管乎天下之理理雖散在萬事而實不外乎一人之心是其一分一合之閒而未免已啓學者心理爲二之弊此後世所以有專求本心遂遺物理之患正由不知心卽理耳夫外心以求物理是以有闇而不達之處此告子義外之說孟子所以謂之不知義也心一而已以其全體惻怛而言謂之仁以其得宜而言謂之義以其條理而言謂之理不可外心以求仁不可外心以求義獨可外心以求理乎外心以求理此知行之所以二也求理於吾心此聖門知行合一之教吾子又何疑乎

來書云所釋大學古本謂致其本體之知此固孟子盡心之旨朱子亦以虛靈知覺爲此心之量然盡心由於知性致知在於格物

盡心由於知性致知在於格物此語然矣然而推本吾子之意則其所以爲是語者尚有未明也朱子以盡心知性知天爲物格知致以存心養性事天爲誠

意正心脩身以殀壽不貳脩身以俟爲知至仁盡聖人之事若鄙人之見則與
朱子正相反矣夫盡心知性知天者生知安行聖人之事也存心養性事天者
學知利行賢人之事也殀壽不貳脩身以俟者困知勉行學者之事也豈可專
以盡心知性爲知存心養性爲行乎吾子驟聞此言必又以爲大駭矣然其閒
實無可疑者一爲吾子言之夫心之體性也性之原天也能盡其心是能盡其
性矣中庸云惟天下至誠爲能盡其性又云知天地之化育質諸鬼神而無疑
知天也此惟聖人而後能然故曰此生知安行聖人之事也存其心者未能盡
其心者也故須加存之之功必存之既久不待於存而自無不存然後可以進
而言盡蓋知天之知如知州知縣之知知州則一州之事皆己事也知縣則一
縣之事皆己事也是與天爲一者也事天則如子之事父臣之事君猶與天爲
二也天之所以命於我者心也性也吾但存之而不敢失養之而不敢害如父
母全而生之子全而歸之者也故曰此學知利行賢人之事也至於殀壽不貳
則與存其心者又有閒矣存其心者雖未能盡其心固已一心於爲善時有不

存則存之而已今使之殀壽不貳是猶以殀壽貳其心者也猶以殀壽貳其心是其爲善之心猶未能一也存之尙有所未可而何盡之可云乎今且使之不以殀壽貳其爲善之心若曰死生殀壽皆有定命吾但一心於爲善修吾之身以俟天命而已是其平日尙未知有天命也事天雖與天爲二然已真知天命之所在但惟恭敬奉承之而已耳若俟之云者則尙未能真知天命之所在猶有所俟者也故曰所以立命立者創立之立如立德立言立功立名之類凡言立者皆是昔未嘗有而本始建立之謂孔子所謂不知命無以爲君子者也故曰此困知勉行學者之事也今以盡心知性知天爲格物致知使初學之士尙未能不貳其心者而遽責之以聖人生知安行之事如捕風捉影茫然莫知所措其心幾何而不至於率天下而路也今世致知格物之弊亦居然可見矣吾子所謂務外遺內博而寡要者無乃亦是過歟此學問最緊要處於此而差將無往而不差矣此鄙人之所以冒天下之非笑忘其身之陷於罪戮呶呶其言其不容已者也

來書云聞語學者乃謂卽物窮理之說亦是玩物喪志又取其厭繁就約涵養本原數說標示學者指爲晚年定論此亦恐非

朱子所謂格物云者在卽物而窮其理也卽物窮理是就事事物物上求其所謂定理者也是以吾心而求理於事事物物之中析心與理而爲二矣夫求理於事事物物者如求孝之理於其親之謂也求孝之理於其親則孝之理其果在於吾之心邪抑果在於親之身邪假而果在於親之身則親沒之後吾心遂無孝之理歟見孺子之入井必有惻隱之理是惻隱之理果在於孺子之身歟抑在於吾心之良知歟其或不可以從之於井歟其或可以手而援之歟是皆所謂理也是果在於孺子之身歟抑果出於吾心之良知歟以是例之萬事萬物之理莫不皆然是可以知析心與理爲二之非矣夫析心與理而爲二此告子義外之說孟子之所深闢也務外遺內博而寡要吾子既已知之矣是果何謂而然哉謂之玩物喪志尚猶以爲不可歟若鄙人所謂致知格物者致吾心之良知於事事物物也吾心之良知卽所謂天理也致吾心良知之天理於事

事物物則事事物物皆得其理矣致吾心之良知者致知也事事物物皆得其理者格物也是合心與理而為一者也合心與理而為一則凡區區前之所云與朱子晚年之論皆可以不言而喻矣

來書云人之心體本無不明而氣拘物蔽鮮有不昏非學問思辨以明天下之理則善惡之機真妄之辨不能自覺任情恣意其害有不可勝言者矣

此段大略似是而非蓋承沿舊說之弊不可以不辨也夫問思辨行皆所以為學未有學而不行者也如言學孝則必服勞奉養躬行孝道然後謂之學豈徒懸空口耳講說而遂可以謂之學孝乎學射則必張弓挾矢引滿中的學書則必伸紙執筆操觚染翰盡天下之學無有不行而可以言學者則學之始固已即是行矣篤者敦實篤厚之意已行矣而敦篤其行不息其功之謂爾蓋學之不能以無疑則有問問即學也即行也又不能無疑則有思思即學也即行也又不能無疑則有辨辨即學也即行也辨既明矣思既慎矣問既審矣學既能矣又從而不息其功焉斯之謂篤行非謂學問思辨之後而始措之於行也是

故以求能其事而言謂之學以求解其惑而言謂之問以求通其說而言謂之思以求精其察而言謂之辨以求履其實而言謂之行蓋析其功而言則有五合其事而言則一而已此區區心理合一之體知行並進之功所以異於後世之說者正在於是今吾子特舉學問思辨以窮天下之理而不及篤行是專以學問思辨爲知而謂窮理爲無行也已天下豈有不行而學者邪豈有不行而遂可謂之窮理者邪明道云只窮理便盡性至命故必仁極仁而後謂之能窮仁之理義極義而後謂之能窮義之理仁極仁則盡仁之性矣義極義則盡義之性矣學至於窮理至矣而尚未措之於行天下寧有是邪是故知不行之不可以爲學則知不行之不可以爲窮理矣知不行之不可以爲窮理則知知行之合一並進而不可以分爲兩節事矣夫萬事萬物之理不外於吾心而必曰窮天下之理是殆以吾心之良知爲未足而必外求於天下之廣以裨補增益之是猶析心與理而爲二也夫學問思辨篤行之功雖其困勉至於人一己百而擴充之極至於盡性知天亦不過致吾心之良知而已良知之外豈復有加

於毫末乎今必曰窮天下之理而不知反求諸其心則凡所謂善惡之機眞妄之辨者舍吾心之良知亦將何所致其體察乎吾子所謂氣拘物蔽者拘此蔽此而已今欲去此之蔽不知致力於此而欲以外求是猶目之不明者不務服藥調理以治其目而徒倀倀然求明於其外明豈可以自外而得哉任情恣意之害亦以不能精察天理於此心之良知而已此誠毫釐千里之謬者不容於不辨吾子毋謂其論之太刻也

來書云教人以致知明德而戒其即物窮理誠使昏闇之士深居端坐不聞教告遂能至於知致而德明乎縱令靜而有覺稍悟本性則亦定慧無用之見果能知古今達事變而致用於天下國家之實否乎其曰知者意之體物者意之用格物如格君心之非之格語雖超悟獨得不踵陳見抑恐於道未相脗合

區區論致知格物正所以窮理未嘗戒人窮理使之深居端坐而一無所事也若謂即物窮理如前所云務外而遺內者則有所不可耳昏闇之士果能隨事

隨物精察此心之天理以致其本然之良知則雖愚必明雖柔必強大本立而
達道行九經之屬可一以貫之而無遺矣尙何患其無致用之實乎彼頑空虛
靜之徒正惟不能隨事隨物精察此心之天理以致其本然之良知而遺棄倫
理寂滅虛無以爲常是以要之不可以治家國天下孰謂聖人窮理盡性之學
而亦有是弊哉心者身之主也而心之虛靈明覺卽所謂本然之良知也其虛
靈明覺之良知應感而動者謂之意有知而後有意無知則無意矣知非意之
體乎意之所用必有其物物卽事也如意用於事親卽事親爲一物意用於治
民卽治民爲一物意用於讀書卽讀書爲一物意用於聽訟卽聽訟爲一物凡
意之所用無有無物者有是意卽有是物無是意卽無是物矣物非意之用乎
格字之義有以至字訓者如格于文祖有苗來格是以至訓者也然格于文祖
必純孝誠敬幽明之間無一不得其理而後謂之格有苗之頑實以文德誕敷
而後格則亦兼有正字之義在其間未可專以至字盡之也如格其非心大臣
格君心之非之類是則一皆正其不正以歸於正之義而不可以至字爲訓矣

且大學格物之訓又安知其不以正字爲訓而必以至字爲義乎如以至字爲義者必曰窮至事物之理而後其說始通是其用功之要全在一窮字用力之地全在一理字也若上去一窮下去一理字而直曰致知在至物其可通乎夫窮理盡性聖人之成訓見於繫辭者也苟格物之說而果卽窮理之義則聖人何不直曰致知在窮理而必爲此轉折不完之語以啓後世之弊邪蓋大學格物之說自與繫辭窮理大旨雖同而微有分辨窮理者兼格致誠正而爲功也故言窮理則格致誠正之功皆在其中言格物則必兼舉致知誠意正心而後其功始備而密今偏舉格物而遂謂之窮理此所以專以窮理屬知而謂格物未常有行非惟不得格物之旨幷窮理之義而失之矣此後世之學所以析知行爲先後兩截日以支離決裂而聖學益以殘晦者其端實始於此吾子蓋亦未免承沿積習見則以爲於道未盡深悉不爲過矣

來書云謂致知之功將如何爲溫清如何爲奉養卽是誠意非別有所謂格物此亦恐非

此乃吾子自以己意揣度鄙見而爲是說非鄙人之所以告吾子者矣若果如吾子之言寧復有可通乎蓋鄙人之見則謂意欲温清意欲奉養者所謂意也而未可謂之誠意必實行其温清奉養之意務求自慊而無自欺然後謂之誠意知如何而爲温清之節知如何而爲奉養之宜者所謂知也而未可謂之致知必致其知如何爲温清之節者之知而實以之温清致其知如何爲奉養之宜者之知而實以之奉養然後謂之致知温清之事奉養之事所謂物也而未可謂之格物必其於温清之事也一如其良知之所知當如何爲温清之節者而爲之無一毫之不盡於奉養之事也一如其良知之所知當如何爲奉養之宜者而爲之無一毫之不盡然後謂之格物温清之物格然後知温清之良知始致奉養之物格然後知奉養之良知始致故曰物格而後知至致其知温清之良知而後温清之意始誠致其知奉養之良知而後奉養之意始誠故曰知至而後意誠此區區誠意致知格物之說蓋如此吾子更熟思之將亦無可疑者矣

來書云道之大端易於明白所謂良知良能愚夫愚婦可與及者至於節目時變之詳毫釐千里之繆必待學而後知今語孝於溫凊定省孰不知之至於舜之不告而娶武之不葬而興師養志養口小杖大杖割股廬墓等事處常處變過與不及之閒必須討論是非以爲制事之本然後心體無蔽臨事無失

道之大端易於明白此語誠然顧後之學者忽其易於明白者而弗由而求其難於明白者以爲學此其所以道在邇而求諸遠事在易而求諸難也孟子云夫道若大路然豈難知哉人病不由耳良知良能愚夫愚婦與聖人同但惟聖人能致其良知而愚夫愚婦不能致此聖愚之所由分也節目時變聖人夫豈不知但不專以此爲學而其所謂學者正惟致其良知以精察此心之天理而與後世之學不同耳吾子未暇良知之致而汲汲焉顧是之憂此正求其難於明白者以爲學之弊也夫良知之於節目時變猶規矩尺度之於方圓長短也節目時變之不可預定猶方圓長短之不可勝窮也故規矩誠立則不可欺以

方圓而天下之方圓不可勝用矣尺度誠陳則不可欺以長短而天下之長短不可勝用矣良知誠致則不可欺以節目時變而天下之節目時變不可勝應矣毫釐千里之謬不於吾心良知一念之微而察之亦將何所用其學乎是不以規矩而欲定天下之方圓不以尺度而欲盡天下之長短吾見其乖張謬戾日勞而無成也已吾子謂語孝於温清定省孰不知之然而能致其知者鮮矣若謂粗知温清定省之儀節而遂謂之能致其知則凡知君之當仁者皆可謂之能致其仁之知知臣之當忠者皆可謂之能致其忠之知則天下孰非致知者邪以是而言可以知致知之必在於行而不行之不可以爲致知也明矣知行合一之體不益較然矣乎夫舜之不告而娶豈舜之前已有不告而娶者爲之準則故舜得以考之何典問諸何人而爲此邪抑亦求諸其心一念之良知權輕重之宜不得已而爲此邪武之不葬而興師豈武之前已有不葬而興師者爲之準則故武得以考之何典問諸何人而爲此邪抑亦求諸其心一念之良知權輕重之宜不得已而爲此邪使舜之心而非誠於爲無後武之心而非

誠於爲救民則其不告而娶與不葬而興師乃不孝不忠之大者而後之人不務致其良知以精察義理於此心感應酬酢之閒顧欲懸空討論此等變常之事執之以爲制事之本以求臨事之無失其亦遠矣其餘數端皆可類推則古人致知之學從可知矣

來書云謂大學格物之說專求本心猶可牽合至於六經四書所載多聞多見前言往行好古敏求博學審問温故知新博學詳說好問好察是皆明白求於事爲之際資於論說之閒者用功節目固不容紊矣

格物之義前已詳悉牽合之疑想已不俟復解矣至於多聞多見乃孔子因子張之務外好高徒欲以多聞多見爲學而不能求諸其心以闕疑殆此其言行所以不免於尤悔而所謂見聞者適以資其務外好高而已蓋所以救子張多聞多見之病而非以是教之爲學也夫子嘗曰蓋有不知而作之者我無是也是猶孟子是非之心人皆有之之義也此言正所以明德性之良知非由於聞見耳若曰多聞擇其善者而從之多見而識之則是專求諸見聞之末而已落

在第二義矣故曰知之次也夫以見聞之知爲次則所謂知之上者果安所指乎是可以窺聖門致知用力之地矣夫子謂子貢曰賜也汝以予爲多學而識之者歟非也予一以貫之使誠在於多學而識則夫子胡乃謬爲是說以欺子貢者邪一以貫之非致其良知而何易曰君子多識前言往行以畜其德夫以畜其德爲心則凡多識前言往行者孰非畜德之事此正知行合一之功矣好古敏求者好古人之學而敏求此心之理耳心即理也學者學此心也求者求此心也孟子云學問之道無他求其放心而已矣非若後世廣記博誦古人之言詞以爲好古而汲汲然惟以求功名利達之具於其外者也博學審問前言已盡温故知新朱子亦以温故屬之尊德性矣德性豈可以外求哉惟夫知新必由於温故而温故乃所以知新則亦可以驗知行之非兩節矣博學而詳說之者將以反說約也若無反約之云則博學詳說者果何事邪舜之好問好察惟以用中而致其精一於道心耳道心者良知之謂也君子之學何嘗離去事爲而廢論說但其從事於事爲論說者要皆知行合一之功正所以致其本心

之良知而非若世之徒事口耳談說以爲知者分知行爲兩事而果有節目先後之可言也

來書云楊墨之爲仁義鄉愿之辭忠信堯舜子之之禪讓湯武楚項之放伐周公莽操之攝輔謾無印正又焉適從且於古今事變禮樂名物未嘗考識使國家欲與明堂建辟雍制曆律草封禪又將何所致其用乎故論語曰生而知之者義理耳若夫禮樂名物古今事變亦必待學而後有以驗其行事之實此則可謂定論矣

所喻楊墨鄉愿堯舜子之湯武楚項周公莽操之辨與前舜武之論大略可以類推古今事變之疑前於良知之說已有規矩尺度之喻當亦無俟多贅矣至於明堂辟雍諸事似尚未容於無言者然其說甚長姑就吾子之言而取正焉則吾子之惑將亦可以少釋矣夫明堂辟雍之制始見於呂氏之月令漢儒之訓疏六經四書之中未嘗詳及也豈呂氏漢儒之知乃賢於三代之賢聖乎齊宣之時明堂尚有未毀則幽厲之世周之明堂皆無恙也堯舜茅茨土階明堂

之制未必備而不害其爲治幽厲之明堂固猶文武成康之舊而無救於其亂何邪豈能以不忍人之心而行不忍人之政則雖茅茨土階固亦明堂也以幽厲之心而行幽厲之政則雖明堂亦暴政所自出之地邪武帝肇講於漢而武后䧺作於唐其治亂何如邪天子之學曰辟雍諸侯之學曰泮宮皆象地形而爲之名耳然三代之學其要皆所以明人倫非以辟不辟泮不泮爲重輕也孔子云人而不仁如禮何人而不仁如樂何制禮作樂必具中和之德聲爲律而身爲度者然後可以語此若夫器數之末樂工之事祝史之守故曾子曰君子所貴乎道者三籩豆之事則有司存也堯命羲和欽若昊天曆象日月星辰其重在於敬授人時也舜在璿璣玉衡其重在於以齊七政也是皆汲汲然以仁民之心而行其養民之政治曆明時之本固在於此也羲和曆數之學皐契未必能之也禹稷未必能之也堯舜之知而不徧物雖堯舜亦未必能之也然至於今循羲和之法而世修之雖曲知小慧之人星術淺陋之士亦能推步占候而無所忒則是後世曲知小慧之人反賢於禹稷堯舜者邪封禪之說尤爲不

經是乃後世佞人諛士所以求媚於其上倡爲誇侈以蕩君心而靡國費蓋欺天罔人無恥之大者君子之所不道司馬相如之所以見譏於天下後世也吾子乃以是爲儒者所宜學殆亦未之思邪夫聖人之所以爲聖者以其生而知之也而釋論語者曰生而知之者義理耳若夫禮樂名物古今事變亦必待學而後有以驗其行事之實夫禮樂名物之類果有關於作聖之功也而聖人亦必待學而後能知焉則是聖人亦不可以謂之生知矣謂聖人爲生知者專指義理而言而不以禮樂名物之類則是禮樂名物之類無關於作聖之功矣聖人之所以謂之生知者專指義理而不以禮樂名物之類則是學而知之者亦惟當學知此義理而已困而知之者亦惟當困知此義理而已今學者之學聖人於聖人之所能知者未能學而知之而顧汲汲焉求知聖人之所不能知者以爲學無乃失其所以希聖之方歟凡此皆就吾子之所惑者而稍爲之分釋未及乎拔本塞源之論也夫拔本塞源之論不明於天下則天下之學聖人者將日繁日難斯人淪於禽獸夷狄而猶自以爲聖人之學吾之說雖或蹔明於

一時終將凍解於西而冰堅於東霧釋於前而雲滃於後呶呶焉危困以死而卒無救於天下之分毫也已夫聖人之心以天地萬物爲一體其視天下之人無外內遠近凡有血氣皆其昆弟赤子之親莫不欲安全而教養之以遂其萬物一體之念天下之人心其始亦非有異於聖人也特其間於有我之私隔於物欲之蔽大者以小通者以塞人各有心至有視其父子兄弟如仇讎者聖人有憂之是以推其天地萬物一體之仁以教天下使之皆有以克其私去其蔽以復其心體之同然其教之大端則堯舜禹之相受受所謂道心惟微惟精惟一允執厥中而其節目則舜之命契所謂父子有親君臣有義夫婦有別長幼有序朋友有信五者而已唐虞三代之世教者惟以此爲教而學者惟以此爲學當是之時人無異見家無異習安此者謂之聖勉此者謂之賢而背此者雖其啓明如朱亦謂之不肖下至閭井田野農工商賈之賤莫不皆有是學而惟以成其德行爲務何者無有聞見之雜記誦之煩辭章之靡濫功利之馳逐而但使之孝其親弟其長信其朋友以復其心體之同然是蓋性分之所固有而

非有假於外者則人亦孰不能之乎學校之中惟以成德爲事而才能之異或有長於禮樂長於政教長於水土播植者則就其成德而因使益精其能於學校之中迨夫舉德而任則使之終身居其職而不易用之者惟知同心一德以共安天下之民視才之稱否而不以崇卑爲輕重勞逸爲美惡效用者亦惟知同心一德以共安天下之民苟當其能則終身處於煩劇而不以爲勞安於卑瑣而不以爲賤當是之時天下之人熙熙皥皥皆相視如一家之親其才質之下者則安其農工商賈之分各勤其業以相生相養而無有乎希高慕外之心其才能之異若皐夔稷契者則出而各效其能若一家之務或營其衣食或通其有無或備其器用集謀幷力以求遂其仰事俯育之願惟恐當其事者之或怠而重己之累也故稷勤其稼而不恥其不知教視契之善教卽己之善教也夔司其樂而不恥於不明禮視夷之通禮卽己之通禮也蓋其心學純明而有以全其萬物一體之仁故其精神流貫志氣通達而無有乎人己之分物我之閒譬之一人之身目視耳聽手持足行以濟一身之用目不恥其無聰而耳之

所涉目必營焉足不恥其無執而手之所探足必前焉蓋其元氣充周血脈條暢是以痒痾呼吸感觸神應有不言而喻之妙此聖人之學所以至易至簡易知易從學易能而才易成者正以大端惟在復心體之同然而知識技能非所與論也三代之衰王道熄而霸術焻孔孟既沒聖學晦而邪說橫教者不復以此爲教而學者不復以此爲學霸者之徒竊取先王之近似者假之於外以內濟其私己之欲天下靡然而宗之聖人之道遂以蕪塞相倣相效日求所以富強之說傾詐之謀攻伐之計一切欺天罔人苟一時之得以獵取聲利之術若管商蘇張之屬者至不可名數既其久也鬬爭劫奪不勝其禍斯人淪於禽獸夷狄而霸術亦有所不能行矣世之儒者慨然悲傷蒐獵先聖王之典章法制而掇拾修補於煨燼之餘蓋其爲心良亦欲以挽回先王之道聖學既遠霸術之傳積漬已深雖在賢知皆不免於習染其所以講明修飾以求宣暢光復於世者僅足以增霸者之藩籬而聖學之門牆遂不復可覩於是乎有訓詁之學而傳之以爲名有記誦之學而言之以爲博有詞章之學而侈之以爲麗若是

者紛紛籍籍羣起角立於天下又不知其幾家萬徑千蹊莫知所適世之學者如入百戲之場讙謔跳踉騁奇鬬巧獻笑爭妍者四面而競出前瞻後盼應接不遑而耳目眩瞀精神恍惑日夜遨遊淹息其間如病狂喪心之人莫自知其家業之所歸時君世主亦皆昏迷顛倒於其說而終身從事於無用之虛文莫自知其所謂閒有覺其空疏謬妄支離牽滯而卓然自奮欲以見諸行事之實者極其所抵亦不過爲富強功利五霸之事業而止聖人之學日遠日晦而功利之習愈趨愈下其閒雖嘗瞽惑於佛老而佛老之說卒亦未能有以勝其功利之心雖又嘗折衷於羣儒而羣儒之論終亦未能有以破其功利之見蓋至於今功利之毒淪浹於人之心髓而習以成性也幾千年矣相矜以知相軋以勢相爭以利相高以技能相取以聲譽其出而仕也理錢穀者則欲兼夫兵刑典禮樂者又欲與於銓軸處郡縣則思藩臬之高居臺諫則望宰執之要故不能其事則不得以兼其官不通其說則不可以要其譽記誦之廣適以長其敖也知識之多適以行其惡也聞見之博適以肆其辨也辭章之富適以飾其僞

也是以皐夔稷契所不能兼之事而今之初學小生皆欲通其說究其術其稱名僭號未嘗不曰吾欲以共成天下之務而其誠心實意之所在以爲不如是則無以濟其私而滿其欲也嗚呼以若是之積染以若是之心志而又講之以若是之學術宜其聞吾聖人之教而視之以爲贅疣枘鑿則其以良知爲未足而謂聖人之學爲無所用亦其勢有所必至矣嗚呼士生斯世而尙何以求聖人之學乎尙何以論聖人之學乎士生斯世而欲以爲學者不亦勞苦而繁難乎不亦拘滯而險艱乎嗚呼可悲也已所幸天理之在人心終有所不可泯而良知之明萬古一日則其聞吾拔本塞源之論必有惻然而悲戚然而痛憤然而起沛然若決江河而有所不可禦者矣非夫豪傑之士無所待而興起者吾誰與望乎

啓問道通書

吳曾兩生至備道道通懇切爲道之意殊慰相念若道通真可謂篤信好學者矣憂病中會不能與兩生細論然兩生亦自有志向肯用功者每見輒覺有進

在區區誠不能無負於兩生之遠來在兩生則亦庶幾無負其遠來之意矣臨別以此冊致道通意請書數語荒憒無可言者輒以道通來書中所問數節略下轉語奉酬草草殊不詳細兩生當亦自能口悉也

來書云日用工夫只是立志近來於先生誨言時時體驗愈益明白然於朋友不能一時相離若得朋友講習則此志纔精健闊大纔有生意若三五日不得朋友相講便覺微弱遇事便會困亦時會忘乃今無朋友相講之日還只靜坐或看書或游衍經行凡寓目措身悉取以培養此志頗覺意思和適然終不如朋友講聚精神流動生意更多也離羣索居之人當更有何法以處之

此段足驗道通日用工夫所得工夫大略亦只是如此用只要無閒斷到得純熟後意思又自不同矣大抵吾人爲學緊要大頭腦只是立志所謂困忘之病亦只是志欠真切今好色之人未嘗病於困忘只是一真切耳自家痛癢自家須會知得自家須會搔摩得既自知得痛癢自家須不能不搔摩得佛家謂之

方便法門須是自家調停斟酌他人總難與力亦更無別法可設也
來書云上蔡嘗問天下何思何慮伊川云有此理只是發得太早在學者工夫固是必有事焉而勿忘然亦須識得何思何慮底氣象一併看爲是若不識得這氣象便有正與助長之病若認得何思何慮而忘必有事焉工夫恐又墮於無也須是不滯於有不墮於無然乎否也
所論亦相去不遠矣只是契悟未盡上蔡之問與伊川之答亦只是上蔡伊川之意與孔子繫辭原旨稍有不同繫言何思何慮是言所思所慮只是一箇天理更無別思別慮耳非謂無思無慮也故曰同歸而殊途一致而百慮天下何思何慮云殊途云百慮則豈謂無思無慮邪心之本體卽是天理天理只是一箇更有何可思慮得天理原自寂然不動原自感而遂通學者用功雖千思萬慮只是要復他本來體用而已不是以私意去安排思索出來故明道云君子之學莫若廓然而大公物來而順應若以私意去安排思索便是用智自私矣何思何慮正是工夫在聖人分上便是自然的在學者分上便是勉然的伊川

卻是把作效驗看了所以有發得太早之說既而云卻好用功則已自覺其前言之有未盡矣濂溪主靜之論亦是此意今道通之言雖已不為無見然亦未免尚有兩事也

來書云凡學者纔曉得做工夫便要識認得聖人氣象蓋認得聖人氣象把做準的乃就實地做工夫去纔不會差纔是作聖工夫未知是否

先認聖人氣象昔人嘗有是言矣然亦欠有頭腦聖人氣象自是聖人的我從何處識認若不就自己良知上真切體認如以無星之稱而權輕重未開之鏡而照姸媸真所謂以小人之腹而度君子之心矣聖人氣象何由認得自己良知原與聖人一般若體認得自己良知明白卽聖人氣象不在聖人而在我矣程子嘗云覷著堯學他行事無他許多聰明睿智安能如彼之動容周旋中禮又云心通於道然後能辨是非今且說通於道在何處聰明睿智從何處出來

來書云事上磨煉一日之內不管有事無事只一意培養本原若遇事來感或自己有感心上既有覺安可謂無事但因事凝心一會大段覺得事理當

如此只如無事處之盡吾心而已然乃有處得善與未善何也又或事來得多須要次第與處每因才力不足輒爲所困雖極力扶起而精神已覺衰弱遇此未免要十分退省寧不了事不可不加培養如何
所說工夫就道通分上也只是如此用然未免有出入在凡人爲學終身只爲這一事自少至老自朝至暮不論有事無事只是做得這一件所謂必有事焉者也若說寧不了事不可不加培養卻是尚爲兩事也必有事焉而勿忘勿助事物之來但盡吾心之良知以應之所謂忠恕違道不遠矣凡處得有善有未善及有困頓失次之患者皆是牽於毀譽得喪不能實致其良知耳若能實致其良知然後見得平日所謂善者未必是善所謂未善者卻恐正是牽於毀譽得喪自賊其良知者也
來書云致知之說春間再承誨益已頗知用力覺得比舊尤爲簡易但鄙心則謂與初學言之還須帶格物意思使之知下手處本來致知格物一併下但在初學未知下手用功還說與格物方曉得致知云云

格物是致知工夫知得致知便已知得格物若是未知格物則是致知工夫亦未嘗知也近有一書與友人論此頗悉今往一通細觀之當自見矣

來書云今之爲朱陸之辨者尚未已每對朋友言正學不明已久且不須枉費心力爲朱陸爭是非只依先生立志二字點化人若其人果能辨得此志來決意要知此學已是大段明白了朱陸雖不辨彼自能覺得又嘗見朋友中見有人議先生之言者輒爲動氣昔在朱陸二先生所以遺後世紛紛之議者亦見二先生工夫有未純熟分明亦有動氣之病若明道則無此矣觀其與吳涉禮論介甫之學云爲我盡達諸介甫不有益於他必有益於我也氣象何等從容嘗見先生與人書中亦引此言願朋友皆如此如何

此節議論得極是極是願道通遍以告於同志各自且論自己是非莫論朱陸是非也以言語謗人其謗淺若自己不能身體實踐而徒入耳出口呶呶度日是以身謗也其謗深矣凡今天下之論議我者苟能取以爲善皆是砥礪切磋我也則在我無非警惕修省進德之地矣昔人謂攻吾之短者是吾師師又可

惡乎

來書云有引程子人生而靜以上不容說才說性便已不是性何故不容說何故不是性晦菴答云不容說者未有性之可言不是性者已不能無氣質之雜矣二先生之言皆未能曉每看書至此輒爲一惑請問

生之謂性生字卽是氣字猶言氣卽是性也氣卽是性人生而靜以上不容說才說氣卽是性卽已落在一邊不是性之本原矣孟子性善是從本原上說然性善之端須在氣上始見得若無氣亦無可見矣惻隱羞惡辭讓是非卽是氣程子謂論性不論氣不備論氣不論性不明亦是爲學者各認一邊只得如此說若見得自性明白時氣卽是性性卽是氣原無性氣之可分也

答陸原靜書

來書云下手工夫覺此心無時寧靜妄心固動也照心亦動也心既恆動則無刻暫停也

是有意於求寧靜是以愈不寧靜耳夫妄心則動也照心非動也恆照則恆動

恆靜天地之所以恆久而不已也照心固照也妄心亦照也其爲物不貳則其生物不息有刻暫停則息矣非至誠無息之學矣

來書云良知亦有起處云云

此或聽之未審良知者心之本體卽前所謂恆照者也心之本體無起無不起雖妄念之發而良知未嘗不在但人不知存則有時而或放耳雖昏塞之極而良知未嘗不明但人不知察則有時而或蔽耳雖有時而或放其體實未嘗不在也存之而已耳雖有時而或蔽其體實未嘗不明也察之而已耳若謂良知亦有起處則是有時而不在也非其本體之謂矣

精一之精以理言精神之精以氣言理者氣之條理氣者理之運用無條理則不能運用無運用則亦無以見其所謂條理者矣精則精精則明精則一精則神精則誠一則精一則明一則神一則誠原非有二事也但後世儒者之說與養生之說各滯於一偏是以不相爲用前日精一之論雖爲原靜愛養精神而發然而作聖之功實亦不外是矣

來書云元神元氣元精必各有寄藏發生之處又有真陰之精真陽之氣云云

夫良知一也以其妙用而言謂之神以其流行而言謂之氣以其凝聚而言謂之精安可以形象方所求哉真陰之精卽真陽之氣之母真陽之氣卽真陰之精之父陰根陽陽根陰亦非有二也苟吾良知之說明則凡若此類皆可以不言而喻不然則如來書所云三關七返九還之屬尙有無窮可疑者也

又

來書云良知心之本體卽所謂性善也未發之中也寂然不動之體也廓然大公也何常人皆不能而必待於學邪中也寂也公也旣以屬心之體則良知是矣今驗之於心知無不良而中寂大公實未有也豈良知復超然於體用之外乎

性無不善故知無不良良知卽是未發之中卽是廓然大公寂然不動之本體人人之所同具者也但不能不昏蔽於物欲故須學以去其昏蔽然於良知之

本體初不能有加損於毫末也知無不良而中寂大公未能全者是昏蔽之未盡去而存之未純耳體卽良知之體用卽良知之用寧復有超然於體用之外者乎

來書云周子曰主靜程子曰動亦定靜亦定先生曰定者心之本體是靜定也決非不覩不聞無思無爲之謂必常知常存常主於理之謂也夫常知常存常主於理明是動也已發也何以謂之靜何以謂之本體豈是靜定也又有以貫乎心之動靜者邪

理無動者也常知常存常主於理卽不覩不聞無思無爲之謂也不覩不聞無思無爲非槁木死灰之謂也覩聞思爲一於理而未嘗有所覩聞思爲卽是動而未嘗動也所謂動亦定靜亦定體用一原者也

來書云此心未發之體其在已發之前乎其在已發之中而爲之主乎其無前後內外而渾然之體者乎今謂心之動靜者其主有事無事而言乎其主寂然感通而言乎其主循理從欲而言乎若以循理爲靜從欲爲動則於所

謂動中有靜靜中有動動極而靜靜極而動者不可通矣若以有事而感通爲動無事而寂然爲靜則於所謂動而無動靜而無靜者不可通矣若謂未發在已發之先靜而生動是至誠有息也聖人有復也又不可矣若謂未發在已發之中則不知未發已發俱當主靜乎抑未發爲靜而已發爲動乎抑未發已發俱無動無靜乎俱有動有靜乎幸教

未發之中卽良知也無前後內外而渾然一體者也有事無事可以言動靜而良知無分於有事無事也寂然感通可以言動靜而良知無分於寂然感通也動靜者所遇之時心之本體固無分於動靜也理無動者也動卽爲欲循理則雖酬酢萬變而未嘗動也從欲則雖槁心一念而未嘗靜也動中有靜靜中有動又何疑乎有事而感通固可以言動然而寂然者未嘗有增也無事而寂然固可以言靜然而感通者未嘗有減也動而無動靜而無靜又何疑乎無前後內外而渾然一體則至誠有息之疑不待解矣未發在已發之中而已發之中未嘗別有未發者在已發在未發之中而未發之中未嘗別有已發者存是未

嘗無動靜而不可以動靜分者也凡觀古人言語在以意逆志而得其大旨若必拘滯於文義則靡有孑遺者是周果無遺民也周子靜極而動之說苟不善觀亦未免有病蓋其意從太極動而生陽靜而生陰說來太極生生之理妙用無息而常體不易太極之生生卽陰陽之生生就其生生之中指其妙用無息者而謂之動謂之陽之生非謂動而後生陽也就其生生之中指其常體不易者而謂之靜謂之陰之生非謂靜而後生陰也若果靜而後生陰動而後生陽則是陰陽動靜截然各自爲一物矣陰陽一氣也一氣屈伸而爲陰陽動靜一理也一理隱顯而爲動靜春夏可以爲陽爲動而未嘗無陰與靜也秋冬可以爲陰爲靜而未嘗無陽與動也春夏此不息秋冬此不息皆可謂之陽謂之動也春夏此常體秋冬此常體皆可謂之陰謂之靜也自元會運世歲月日時以至刻杪忽微莫不皆然所謂動靜無端陰陽無始在知道者默而識之非可以言語窮也若只牽文泥句比擬倣像則所謂心從法華轉非是轉法華矣

來書云嘗試於心喜怒憂懼之感發也雖動氣之極而吾心良知一覺卽罔

然消阻或遏於初或制於中或悔於後然則良知常若居優閒無事之地而
為之主於喜怒憂懼若不與焉者何歟
知此則知未發之中寂然不動之體而有發而中節之和感而遂通之妙矣然
謂良知常若居於優閒無事之地語尚有病蓋良知雖不滯於喜怒憂懼而喜
怒憂懼亦不外於良知也
來書云夫以昨以良知為照心竊謂良知心之本體也照心人所用功乃戒
慎恐懼之心也猶思也而遂以戒慎恐懼為良知何歟
能戒慎恐懼者是良知也
來書云先生又曰照心非動也豈以其循理而謂之靜歟妄心亦照也豈以
其良知未嘗不在於其中未嘗不明於其中而視聽言動之不過則者皆天
理歟且既曰妄心則在妄心可謂之照而在照心則謂之妄矣妄與息何異
今假妄之照以續至誠之無息竊所未明幸再啓蒙
照心非動者以其發於本體明覺之自然而未嘗有所動也有所動即妄矣妄

心亦照者以其本體明覺之自然者未嘗不在於其中但有所動耳無所動卽照矣無妄無照非以妄爲照以照爲妄也照心爲照妄心爲妄是猶有妄有照也有妄有照則猶貳也貳則息矣無妄無照則不貳不貳則不息矣

來書云養生以清心寡欲爲要夫清心寡欲作聖之功畢矣然欲寡則心自清清心非舍棄人事而獨居求靜之謂也蓋欲使此心純乎天理而無一毫人欲之私耳今欲爲此之功而隨人欲生而克之則病根常在未免滅於東而生於西若欲刊剝洗蕩於衆欲未萌之先則又無所用其力徒使此心之不清且欲未萌而搜剔以求去之是猶引犬上堂而逐之也愈不可矣

必欲此心純乎天理而無一毫人欲之私此作聖之功也必欲此心純乎天理而無一毫人欲之私非防於未萌之先而克於方萌之際不能也防於未萌之先而克於方萌之際此正中庸戒愼恐懼大學致知格物之功舍此之外無別功矣夫謂滅於東而生於西引犬上堂而逐之者是自私自利將迎意必之爲累而非克治洗蕩之爲患也今曰養生以清心寡欲爲要只養生二字便是自

私自利將迎意必根之有此病根潛伏於中宜其有滅於東而生於西引犬上堂而逐之之患也

來書云佛氏於不思善不思惡時認本來面目於吾儒隨物而格之功不同吾若於不思善不思惡時用致知之功則已涉於思善矣欲善惡不思而心之良知清靜自在惟有寐而方醒之時耳斯正孟子夜氣之說但於斯光景不能久倏忽之際思慮已生不知用功久者其常寐初醒而思未起之時否乎今澄欲求寧靜愈不寧靜欲念無生則念愈生如之何而能使此心前念易滅後念不生良知獨顯而與造物者遊乎

不思善不思惡時認本來面目此佛氏爲未識本來面目者設此方便本來面目卽吾聖門所謂良知今旣認得良知明白卽已不消如此說矣隨物而格是致知之功卽佛氏之常惺惺亦是常存他本來面目耳體段工夫大略相似但佛氏有箇自私自利之心所以便有不同耳今欲善惡不思而心之良知清靜自在此便有自私自利將迎意必之心所以有不思善不思惡時用致知之功

則已涉於思善之患孟子說夜氣亦只是爲失其良心之人指出箇良心萌動處使他從此培養將去今已知得良知明白常用致知之功卽已不消說夜氣卻是得兎後不知守兎而仍去守株兎將復失之矣欲求寧靜欲念無生此正是自私自利將迎意必之病是以念愈生而愈不寧靜良知只是一箇良知而善惡自辨更有何善何惡可思良知之體本自寧靜今卻又添一箇求寧靜本自生生今卻又添一箇欲無生非獨聖門致知之功不如此雖佛氏之學亦未如此將迎意必也只是一念良知徹頭徹尾無始無終卽是前念不滅後念不生今卻欲前念易滅而後念不生是佛氏所謂斷滅種性入於槁木死灰之謂矣

來書云佛氏又有常提念頭之說其猶孟子所謂必有事夫子所謂致良知之說乎其卽常惺惺常記得常知得常存得者乎於此念頭提在之時而事至物來應之必有其道但恐此念頭提起時少放下時多則工夫閒斷耳且念頭放失多因私欲客氣之動而始忽然驚醒而後提其放而未提之閒心

之昏雜多不自覺今欲日精日明常提不放以何道乎只此常提不放即全功乎抑於常提不放之中更宜加省克之功乎雖曰常提不放而不加戒懼克治之功恐私欲不去若加戒懼克治之功焉又爲思善之事而於本來面目又未達一閒也如之何則可

戒懼克治即是常提不放之功即是必有事焉豈有兩事邪此節所問前一段已自說得分曉末後卻是自生迷惑說得支離及有本來面目未達一閒之疑都是自私自利將迎意必之爲病去此病自無此疑矣

來書云質美者明得盡查滓便渾化如何謂明得盡如何而能更渾化

良知本來自明氣質不美者查滓多障蔽厚不易開明質美者查滓原少無多障蔽略加致知之功此良知便自瑩徹些少查滓如湯中浮雪如何能作障蔽此本不甚難曉原靜所以致疑於此想是因一明字不明白亦是稍有欲速之心向曾面論明善之義明則誠矣非若後儒所謂明善之淺也

來書云聰明睿知果質乎仁義禮智果性乎喜怒哀樂果情乎私欲客氣果

一物乎二物乎古之英才若子房仲舒叔度孔明文仲韓范諸公德業表著皆良知中所發也而不得謂之聞道者果何在乎苟曰此特生質之美耳則生知安行者不愈於學知困勉者乎愚意竊云謂諸公見道偏則可謂全無聞則恐後儒崇尚記誦訓詁之過也然乎否乎

性一而已仁義禮知性之性也聰明睿知性之質也喜怒哀樂性之情也私欲客氣性之蔽也質有清濁故情有過不及而蔽有淺深也私欲客氣一病兩痛非二物也張黃諸葛及韓范諸公皆天質之美自多暗合道妙雖未可盡謂之知學盡謂之聞道然亦自其有學違道不遠者也使其聞學知道即伊傅周召矣若文中子則又不可謂之不知學者其書雖多出於其徒亦多有未是處然其大略則亦居然可見但今相去遼遠無有的然憑證不可懸斷其所至矣夫良知即是道良知之在人心不但聖賢雖常人亦無不如此若無有物欲牽蔽但循著良知發用流行將去即無不是道但在常人多為物欲牽蔽不能循得良知如數公者天質既自清明自少物欲為之牽蔽則其良知之發用流行處

自然是多自然違道不遠學者學循此良知而已謂之知學只是知得專在學循良知數公雖未知專在良知上用功而或泛濫於多岐疑迷於影響是以或離或合而未純若知得時便是聖人矣後儒嘗以數子者尚皆是氣質用事未免於行不著習不察此亦未爲過論但後儒之所謂著察者亦是狃於聞見之狹蔽於沿習之非而依擬倣象於影響形迹之閒尚非聖門之所謂著察者也則亦安得以己之昏昏而求人之昭昭也乎所謂生知安行知行二字亦是就用功上說若是知行本體卽是良知良能雖在困勉之人亦皆可謂之生知安行矣知行二字更宜精察

來書云昔周茂叔每令伯淳尋仲尼顏子樂處敢問是樂也與七情之樂同乎否乎若同則常人之一遂所欲皆能樂矣何必聖賢若別有眞樂則聖賢之遇大憂大怒大驚大懼之事此樂亦在否乎且君子之心常存戒懼是蓋終身之憂也惡得樂澄平生多悶未嘗見眞樂之趣今切願尋之

樂是心之本體雖不同於七情之樂而亦不外於七情之樂雖則聖賢別有眞

樂而亦常人之所同有但常人有之而不自知反自求許多憂苦自加迷棄雖在憂苦迷棄之中而此樂又未嘗不存但一念開明反身而誠則卽此而在矣每與原靜論無非此意而原靜尙有何道可得之問是猶未免於騎驢覓驢之蔽也

來書云大學以心有好樂忿懥憂患恐懼爲不得其正而程子亦謂聖人情順萬事而無情所謂有者傳習錄中以病瘧譬之極精切矣若程子之言則是聖人之情不生於心而生於物也何謂耶且事感而情應則是是非非可以就格事或未感時謂之有則未形也謂之無則病根在有無之閒何以致吾知乎學務無情累雖輕而出儒入佛矣可乎

聖人致知之功至誠無息其良知之體皦如明鏡略無纖翳妍媸之來隨物見形而明鏡曾無留染所謂情順萬事而無情也無所住而生其心佛氏曾有是言未爲非也明鏡之應物妍者妍媸者媸一照而皆眞卽是生其心處妍者妍媸者媸一過而不留卽是無所住處病瘧之喻旣已見其精切則此節所問可

以釋然病瘧之人瘧雖未發而病根自在則亦安可以其瘧之未發而遂忘其服藥調理之功乎若必待瘧發而後服藥調理則既晚矣致知之功無間於有事無事而豈論於病之已發未發邪大抵原靜所疑前後雖若不一然皆起於自私自利將迎意必之為祟此根一去則前後所疑自將冰消霧釋有不待於問辨者矣

答原靜書出讀者皆喜澄善問師善答皆得聞所未聞師曰原靜所問只是知解上轉不得已與之逐節分疏若信得良知只在良知上用工雖千經萬典無不脗合異端曲學一勘盡破矣何必如此節節分解佛家有撲人逐塊之喻見塊撲人則得人矣見塊逐塊於塊奚得哉在座諸友聞之惕然皆有惺悟此學貴反求非知解可入也

答歐陽崇一

崇一來書云師云德性之良知非由於聞見若曰多聞擇其善者而從之多見而識之則是專求之見聞之末而已落在第二義竊意良知雖不由見聞

而有然學者之知未嘗不由見聞而發滯於見聞固非而見聞亦良知之用也今曰落在第二義恐爲專以見聞爲學者而言若致其良知而求之見聞似亦知行合一之功矣知如何

良知不由見聞而有而見聞莫非良知之用故良知不滯於見聞而亦不離於見聞孔子云吾有知乎哉無知也良知之外別無知矣故致良知是學問大頭腦是聖人教人第一義今云專求之見聞之末則是失卻頭腦而已落在第二義矣近時同志中蓋已莫不知有致良知之說然其功夫尚多鶻突者正是欠此一問大抵學問功夫只要主意頭腦是當若主意頭腦專以致良知爲事則凡多聞多見莫非致良知之功蓋日用之閒見聞酬酢雖千頭萬緒莫非良知之發用流行除卻見聞酬酢亦無良知可致矣故只是一事若曰致其良知而求之見聞則語意之閒未免爲二此與專求之見聞之末者雖稍不同其爲未得精一之旨則一而已多聞擇其善者而從之多見而識之既云擇又云識其良知亦未嘗不行於其閒但其用意乃專在多聞多見上去擇識則已失卻頭

腦矣崇一於此等處見得當已分曉今日之間正爲發明此學於同志中極有益但語意未瑩則毫釐千里亦不容不精察之也

來書云師云繫言何思何慮是言所思所慮只是天理更無別思別慮耳非謂無思無慮也心之本體卽是天理有何可思慮得學者用功雖千思萬慮只是要復他本體不是以私意去安排思索出來若安排思索便是自私用智矣學者之敝大率非沈空守寂則安排思索德辛壬之歲著前一病近又著後一病但思索亦是良知發用其與私意安排者何所取別恐認賊作子惑而不知也

思曰睿睿作聖心之官則思思則得之思其可少乎沈空守寂與安排思索正是自私用智其爲喪失良知一也良知是天理之昭明靈覺處故良知卽是天理思是良知之發用若是良知發用之思則所思莫非天理矣良知發用之思自然明白簡易良知亦自能知得若是私意安排之思自是紛紜勞擾良知亦自會分別得蓋思之是非邪正良知無有不自知者所以認賊作子正爲致知

之學不明不知在良知上體認之耳

來書又云師云爲學終身只是一事不論有事無事只是這一件若說寧不了事不可不加培養卻是分爲兩事也竊意覺精力衰弱不足以終事者良知也寧不了事且加休養致知也如何卻爲兩事若事變之來有事勢不容不了而精力雖衰稍鼓舞亦能支持則持志以帥氣可矣然言動終無氣力畢事則困憊已甚不幾於暴其氣已乎此其輕重緩急良知固未嘗不知然或迫於事勢安能顧精力或困於精力安能顧事勢如之何則可

寧不了事不可不加培養之意且與初學如此說亦不爲無益但作兩事看了便有病痛在孟子言必有事焉則君子之學終身只是集義一事義者宜也心得其宜之謂義能致良知則心得其宜矣故集義亦只是致良知君子之酬酢萬變當行則行當止則止當生則生當死則死斟酌調停無非是致其良知以求自慊而已故君子素其位而行思不出其位凡謀其力之所不及而強其知之所不能者皆不得爲致良知而凡勞其筋骨餓其體膚空乏其身行拂亂其

所爲動心忍性以增益其所不能者皆所以致其良知也若云寧不了事不可不加培養者亦是先有功利之心較計成敗利鈍而愛憎取舍於其間是以將了事自作一事而培養又別作一事此便有是內非外之意便是自私用智便是義外便有不得於心勿求於氣之病便不是致良知以求自慊之功矣所云鼓舞支持畢事則困憊已甚又云迫於事勢困於精力皆是把作兩事做了所以有此凡學問之功一則誠二則僞凡此皆是致良知之意欠誠一眞切之故大學言誠其意者如惡惡臭如好好色此之謂自慊曾見有惡惡臭好好色而須鼓舞支持者乎曾見畢事則困憊已甚者乎曾有迫於事勢困於精力者乎此可以知其受病之所從來矣

來書又有云人情機詐百出御之以不疑往往爲所欺覺則自入於逆億夫逆詐卽詐也億不信卽非信也爲人欺又非覺也不逆不億而常先覺其惟良知瑩徹乎然而出入毫忽之閒背覺合詐者多矣

不逆不億而先覺此孔子因當時人專以逆詐億不信爲心而自陷於詐與不

信又有不逆不億者然不知致良知之功而往往又爲人所欺詐故有是言非教人以是存心而專欲先覺人之詐與不信也以是存心卽是後世猜忌險薄者之事而只此一念已不可與入堯舜之道矣不逆不億而爲人所欺者尙亦不失爲善但不如能致其良知而自然先覺者之尤爲賢耳崇一謂其惟良知瑩徹者蓋已得其旨矣然亦穎悟所及恐未實際也蓋良知之在人心亘萬古塞宇宙而無不同不慮而知恆易以知險不學而能恆簡以知阻先天而天不違天且不違而況於人乎況於鬼神乎夫謂背覺合詐者是雖不逆人而或未能無自欺也雖不億人而或未能果自信也是或常有求先覺之心而未能常自覺也常有求先覺之心卽已流於逆億而足以自蔽其良知矣此背覺合詐之所以未免也君子學以爲己未嘗虞人之欺己也恆不自欺其良知而已未嘗虞人之不信己也恆自信其良知而已未嘗求先覺人之詐與不信也恆務自覺其良知而已是故不欺則良知無所僞而誠誠則明矣自信則良知無所惑而明明則誠矣明誠相生是故良知常覺常照常覺常照則如明鏡之懸而

物之來者自不能遁其妍媸矣何者不欺而誠則無所容其欺苟有欺焉而覺矣自信而明則無所容其不信苟不信焉而覺矣是謂易以知險簡以知阻子思所謂至誠如神可以前知者也然子思謂如神謂可以前知猶二而言之是蓋推言思誠者之功效是猶爲不能先覺者說也若就至誠而言則至誠之妙用即謂之神不必言如神至誠則無知而無不知不必言可以前知矣

答羅整菴少宰書

某頓首啓昨承教及大學發舟匆匆未能奉答曉來江行稍暇復取手教而讀之恐至贛後人事復紛沓先具其略以請來教云見道固難而體道尤難道誠未易明而學誠不可不講恐未可安於所見而遂以爲極則也幸甚幸甚何以得聞斯言乎其敢自以爲極則而安之乎正思就天下之有道以講明之耳而數年以來聞其說而非笑之者有矣詬訾之者有矣置之不足較量辨議之者有矣其肯遂以教我乎其肯遂以教我而反覆曉諭惻然惟恐不及救正之乎然則天下之愛我者固莫有如執事之心深且至矣感激當何如哉夫德之不

修學之不講孔子以爲憂而世之學者稍能傳習訓詁卽皆自以爲知學不復有所謂講學之求可悲矣夫道必體而後見非已見道而後加體道之功也道必學而後明非外講學而復有所謂明道之事也然世之講學者有二有講之以身心者有講之以口耳者講之以口耳揣摸測度求之影響者也講之以身心行著習察實有諸己者也知此則知孔門之學矣來教謂某大學古本之復以人之爲學但當求之於內而程朱格物之說不免求之於外遂去朱子之分章而削其所補之傳非敢然也學豈有內外乎大學古本乃孔門相傳舊本耳朱子疑其有所脫誤而改正補緝之在某則謂其本無脫誤悉從其舊而已矣失在於過信孔子則有之非故去朱子之分章而削其傳也夫學貴得之心求之於心而非也雖其言之出於孔子不敢以爲是也而況其未及孔子者乎求之於心而是也雖其言之出於庸常不敢以爲非也而況其出於孔子者乎且舊本之傳數千載矣今讀其文詞旣明白而可通論其工夫又易簡而可入亦何所按據而斷其此段之必在於彼彼段之必在於此與此之如何而缺彼之

如何而補而遂改正補緝之無乃重於背朱而輕於叛孔已乎來教謂如必以
學不資於外求但當反觀內省以爲務則正心誠意四字亦何不盡之有何必
於入門之際便困以格物一段工夫也誠然誠然若語其要則脩身二字亦足
矣何必又言正心正心二字亦足矣何必又言誠意誠意二字亦足矣何必又
言致知又言格物惟其工夫之詳密而要之只是一事此所以爲精一之學此
正不可不思者也夫理無內外性無內外故學無內外講習討論未嘗非內也
反觀內省未嘗遺外也夫謂學必資於外求是以己性爲有外也是義外也用
智者也謂反觀內省爲求之於內是以己性爲有內也是有我也自私者也是
皆不知性之無內外也故曰精義入神以致用也利用安身以崇德也性之德
也合內外之道也此可以知格物之學矣格物者大學之實下手處徹首徹尾
自始學至聖人只此工夫而已非但入門之際有此一段也夫正心誠意致知
格物皆所以脩身而格物者其所用力日可見之地故格物者格其心之物也
格其意之物也格其知之物也正心者正其物之心也誠意者誠其物之意也

致知者致其物之知也此豈有內外彼此之分哉理一而已以其理之凝聚而言則謂之性以其凝聚之主宰而言則謂之心以其主宰之發動而言則謂之意以其發動之明覺而言則謂之知以其明覺之感應而言則謂之物故就物而言謂之格就知而言謂之致就意而言謂之誠就心而言謂之正正者正此也誠者誠此也致者致此也格者格此也皆所謂窮理以盡性也天下無性外之理無性外之物學之不明皆由世之儒者認理爲外認物爲外而不知義外之說孟子蓋嘗闢之乃至襲陷其內而不覺豈非亦有似是而難明者歟不可以不察也凡執事所以致疑於格物之說者必謂其是內而非外也必謂其專事於反觀內省之爲而遺棄其講習討論之功也必謂其一意於綱領本原之約而脫略於支條節目之詳也必謂其沈溺於枯槁虛寂之偏而不盡於物理人事之變也審如是豈但獲罪於聖門獲罪於朱子是邪說誣民叛道亂正人得而誅之也而況於執事之正直哉審如是世之稍明訓詁聞先哲之緒論者皆知其非也而況執事之高明哉凡某之所謂格物其於朱子九條之說皆包

羅統括於其中但爲之有要作用不同正所謂毫釐之差耳然毫釐之差而千里之繆實起於此不可不辨孟子闢楊墨至於無父無君二子亦當時之賢者使與孟子並世而生未必不以之爲賢墨子兼愛行仁而過耳楊子爲我行義而過耳此其爲說亦豈滅理亂常之甚而足以眩天下哉而其流之弊孟子至比於禽獸夷狄所謂以學術殺天下後世也今世學術之弊其謂之學仁而過者乎謂之學義而過者乎抑謂之學不仁不義而過者乎吾不知其於洪水猛獸何如也孟子云予豈好辯哉予不得已也楊墨之道塞天下孟子之時天下之尊信楊墨當不下於今日之崇尚朱說而孟子獨以一人呶呶於其間噫可哀矣韓氏云佛老之害甚於楊墨韓愈之賢不及孟子孟子不能救之於未壞之先而韓愈乃欲全之於已壞之後其亦不量其力且見其身之危莫之救以死也嗚呼若某者其尤不量其力果見其身之危莫之救以死也矣夫衆方嘻嘻之中而獨出涕嗟若擧世恬然以趨而獨疾首蹙額以爲憂此其非病狂喪心殆必誠有大苦者隱於其中而非天下之至仁其孰能察之其爲朱子晚年

定論蓋亦不得已而然中閒年歲早晚誠有所未考雖不必盡出於晚年固多出於晚年者矣然大意在委曲調停以明此學爲重平生於朱子之說如神明蓍龜一旦與之背馳心誠有所未忍故不得已而爲此知我者謂我心憂不知我者謂我何求蓋不忍牴牾朱子者其本心也不得已而與之牴牾者道固如是不直則道不見也執事所謂決與朱子異者僕敢自欺其心哉夫道天下之公道也學天下之公學也非朱子可得而私也非孔子可得而私也天下之公也公言之而已矣故言之而是雖異於己乃益於己也言之而非雖同於己適損於己也益於己者己必喜之損於己者己必惡之然則某今日之論雖或於朱子異未必非其所喜也君子之過如日月之食其更也人皆仰之而小人之過也必文某雖不肖固不敢以小人之心事朱子也執事所以教反覆數百言皆以未悉鄙人格物之說若鄙說一明則此數百言皆可以不待辨說而釋然無滯故今不敢縷縷以滋瑣屑之瀆然鄙說非面陳口析斷亦未能了了於紙筆閒也嗟乎執事所以開導啓迪於我者可謂懇到詳切矣人之愛我寧有如

執事者乎僕雖甚愚下寧不知所感刻佩服然而不敢遽舍其中心之誠然而姑以聽受云者正不敢有負於深愛亦思有以報之耳秋盡東還必求一面以卒所請千萬終教

答聶文蔚

春間遠勞迂途枉顧問證惓惓此情何可當也已期二三同志更處靜地扳留旬日少效其鄙見以求切劘之益而公期俗絆勢有不能別去極快快如有所失忽承箋惠反覆千餘言讀之無甚浣慰中間推許太過蓋亦獎掖之盛心而規礪真切思欲納之於賢聖之域又託諸崇一以致其勤勤懇懇之懷此非深交篤愛何以及是知感知媿且懼其無以堪之也雖然僕亦何敢不自鞭勉而徒以感媿辭讓爲乎哉其謂思孟周程無意相遭於千載之下與其盡信於天下不若真信於一人道固自在學亦自在天下信之不爲多一人信之不爲少者斯固君子不見是而無悶之心豈世之讝讝屑屑者知足以及之乎乃僕之情則有大不得已者存乎其間而非以計人之信與不信也夫人者天地之心

天地萬物本吾一體者也生民之困苦荼毒孰非疾痛之切於吾身者乎不知吾身之疾痛無是非之心者也是非之心不慮而知不學而能所謂良知也良知之在人心無閒於聖愚天下古今之所同也世之君子惟務致其良知則自能公是非同好惡視人猶己視國猶家而以天地萬物爲一體求天下無治不可得矣古之人所以能見善不啻若己出見惡不啻若己入視民之飢溺猶己之飢溺而一夫不獲若己推而納諸溝中者非故爲是而以蘄天下之信己也務致其良知求自慊而已矣堯舜三王之聖言而民莫不信者致其良知而言之也行而民莫不說者致其良知而行之也是以其民熙熙皞皞殺之不怨利之不庸施及蠻貊而凡有血氣者莫不尊親爲其良知之同也嗚呼聖人之治天下何其簡且易哉後世良知之學不明天下之人用其私智以相比軋是以人各有心而偏瑣僻陋之見狡僞陰邪之術至於不可勝說外假仁義之名而內以行其自私自利之實詭辭以阿俗矯行以干譽揜人之善而襲以爲己長訐人之私而竊以爲己直忿以相勝而猶謂之徇義險以相傾而猶謂之疾惡

妒賢忌能而猶自以爲公是非恣情縱欲而猶自以爲同好惡相陵相賊自其一家骨肉之親已不能無爾我勝負之意彼此藩籬之形而況於天下之大民物之衆又何能一體而視之則無怪於紛紛籍籍而禍亂相尋於無窮矣僕誠賴天之靈偶有見於良知之學以爲必由此而後天下可得而治是以每念斯民之陷溺則爲之戚然痛心忘其身之不肖而思以此救之亦不自知其量者天下之人見其若是遂相與非笑而詆斥之以爲是病狂喪心之人耳嗚呼是奚足恤哉吾方疾痛之切體而暇計人之非笑乎人固有見其父子兄弟之墜溺於深淵者呼號匍匐裸跣顛頓扳懸崖壁而下拯之士之見者方相與揖讓談笑於其傍以爲是棄其禮貌衣冠而呼號顛頓若此是病狂喪心者也故夫揖讓談笑於溺人之傍而不知救此惟行路之人無親戚骨肉之情者能之然已謂之無惻隱之心非人矣若夫在父子兄弟之愛者則固未有不痛心疾首狂奔盡氣匍匐而拯之彼將陷溺之禍有不顧而況於病狂喪心之譏乎而又況於蘄人之信與不信乎嗚呼今之人雖謂僕爲病狂喪心之人亦無不可矣

天下之人心皆吾之心也天下之人猶有病狂者矣吾安得而非病狂乎猶有喪心者矣吾安得而非喪心乎昔者孔子之在當時有議其爲諂者有譏其爲佞者有毀其未賢詆其爲不知禮而侮之以爲東家丘者有嫉而沮之者有惡而欲殺之者晨門荷蕢之徒皆當時之賢士且曰是知其不可而爲之者歟鄙哉硜硜乎莫己知也斯已而已矣雖子路在升堂之列尚不能無疑於其所見不悅於其所欲往而且以之爲迂則當時之不信夫子者豈特十之二三而已乎然而夫子汲汲遑遑若求亡子於道路而不暇於煖席者寧以蘄人之知我信我而已哉蓋其天地萬物一體之仁疾痛迫切雖欲已之而自有所不容已故其言曰吾非斯人之徒與而誰與欲潔其身而亂大倫果哉末之難矣嗚呼此非誠以天地萬物爲一體者孰能以知夫子之心乎若其遯世無悶樂天知命者則固無入而不自得道並行而不相悖也僕之不肖何敢以夫子之道爲己任顧其心亦已稍知疾痛之在身是以徬徨四顧將求其有助於我者相與講去其病耳今誠得豪傑同志之士扶持匡翼共明良知之學於天下使天下

之人皆知自致其良知以相安相養去其自私自利之蔽一洗讒妒勝忿之習以濟於大同則僕之狂病固將脫然以愈而終免於喪心之患矣豈不快哉嗟乎今誠欲求豪傑同志之士於天下非如吾文蔚者而誰望之乎如吾文蔚之才與志誠足以援天下之溺者今又既知其具之在我而無假於外求矣循是而充若決河注海孰得而禦哉文蔚所謂一人信之不為少其又能遜以委之何人乎會稽素號山水之區深林長谷信步皆是寒暑晦明無時不宜安居飽食塵囂無擾良朋四集道義日新優哉游哉天地之間寧復有樂於是者孔子云不怨天不尤天下學而上達僕與二三同志方將請事斯語奚暇外慕獨其切膚之痛乃有未能恝然者輒復云云爾咳疾暑毒書札絕懶盛使遠來遲留經月臨岐執筆又不覺累紙蓋於相知之深雖已縷縷至此殊覺有所未能盡也

二

得書見近來所學之驟進喜慰不可言諦視數過其閒雖亦有一二未瑩徹處

卻是致良知之功尚未純熟到純熟時自無此矣譬之驅車既已由於康莊大道之中或時橫斜迂曲者乃馬性未調銜勒不齊之故然已只在康莊大道中決不賺入傍蹊曲徑矣近時海內同志到此地位者曾未多見喜慰不可言斯道之幸也賤軀舊有咳嗽畏熱之病近入炎方輒復大作　主上聖明洞察責付甚重不敢遽辭地方軍務冗沓皆輿疾從事今卻幸已平定已具本乞回養病得在林下稍就清涼或可瘳耳人還伏枕草草不盡傾企外惟濬一簡幸達致之

來書所詢草草奉復一二近歲來山中講學者往往多說勿忘勿助工夫甚難問之則云才著意便是助才不著意便是忘所以甚難區區因問之云忘是忘箇甚麼助是助箇甚麼其人默然無對始請問區區因與說我此間講學卻只說箇必有事焉不說勿忘勿助必有事焉者只是時時去集義若時時去用必有事的工夫而或有時間斷此便是忘了即須勿忘時時去用必有事的工夫而或有時欲速求效此便是助了即須勿助其工夫全在必有事焉上用勿忘

勿助只就其間提撕警覺而已若是工夫原不間斷卽不須更說勿忘原不欲速求效卽不須更說勿助此其工夫何等明白簡易何等灑脫自在今卻不去必有事上用工而乃懸空守著一箇勿忘勿助此正如燒鍋煮飯鍋內不曾漬水下米而乃專去添柴放火不知畢竟煮出箇甚麼物來吾恐火候未及調停而鍋已先破裂矣近日一種專在勿忘勿助上用工者其病正是如此終日懸空去做箇勿忘又懸空去做箇勿助渀渀蕩蕩全無實落下手處究竟工夫只做得箇沈空守寂學成一箇癡騃漢才遇些子事來卽便牽滯紛擾不復能經綸宰制此皆有志之士而乃使之勞苦纏縛擔閣一生皆由學術誤人之故甚可憫矣夫必有事焉只是集義集義只是致良知說集義則一時未見頭腦說致良知卽當下便有實地步可用工故區區專說致良知隨時就事上致其良知便是格物著實去致良知便是誠意著實致其良知而無一毫意必固我便是正心著實致良知則自無忘之病無一毫意必固我則自無助之病故說格致誠正則不必更說箇忘助孟子說忘助亦就告子得病處立方告子強制其

心是助的病痛故孟子專說助長之害告子助長亦是他以義爲外不知就自心上集義在必有事焉上用功是以如此若時時刻刻就自心上集義則良知之體洞然明白自然是是非非纖毫莫遁又焉有不得於言勿求於心不得於心勿求於氣之弊乎孟子集義養氣之說固大有功於後學然亦是因病立方說得大段不若大學格致誠正之功尤極精一簡易爲徹上徹下萬世無弊者也聖賢論學多是隨時就事雖言若人殊而要其工夫頭腦若合符節緣天地之閒原只有此性只有此理只有此良知只有此一件事耳故凡就古人論學處說工夫更不必攙和兼搭而說自然無不脗合貫通者才須攙和兼搭而說卽是自己工夫未明徹也近時有謂集義之功必須兼搭箇致良知而後備者則是集義之功尚未了徹也集義之功尚未了徹適足以爲致良知之累而已矣謂致良知之功必須兼搭一箇勿忘勿助而後明者則是致良知之功尚未了徹也致良知之功尚未了徹適足以爲勿忘勿助之累而已矣若此者皆是就文義上解釋牽附以求混融湊泊而不曾就自己實工夫上體驗是以論之

愈精而去之愈遠文蔚之論其於大本達道既已沛然無疑至於致知窮理及忘助等說時亦有攙和兼搭處卻是區區所謂康莊大道之中或時橫斜迂曲者到得工夫熟後自將釋然矣文蔚謂致知之說求之事親從兄之閒便覺有所持循者此段最見近來真切篤實之功但以此自爲不妨自有得力處以此遂爲定說教人卻未免又有因藥發病之患亦不可不一講也蓋良知只是一箇天理自然明覺發見處只是一箇真誠惻怛便是他本體故致此良知之真誠惻怛以事親便是孝致此良知之真誠惻怛以從兄便是弟致此良知之真誠惻怛以事君便是忠只是一箇良知一箇真誠惻怛若是從兄的良知不能致其真誠惻怛卽是事親的良知不能致其真誠惻怛矣事君的良知不能致其真誠惻怛卽是從兄的良知不能致其真誠惻怛矣故致得事君的良知便是致卻從兄的良知致得從兄的良知便是致卻事親的良知不是事君的良知不能致卻須又從事親的良知上去擴充將來如此又是脫卻本原著在支節上求了良知只是一箇隨他發見流行處當下具足更無去求不須假借然

其發見流行處卻自有輕重厚薄毫髮不容增減者所謂天然自有之中也雖則輕重厚薄毫髮不容增減而厚又只是一箇雖則只是一箇而其閒輕重厚薄又毫髮不容增減若可得增減若須假借卽已非其真誠惻怛之本體矣此良知之妙用所以無方體無窮盡語大天下莫能載語小天下莫能破者也孟氏堯舜之道孝弟而已者是就人之良知發見得最真切篤厚不容蔽昧處提省人使人於事君處友仁民愛物與凡動靜語默閒皆只是致他那一念事親從兄真誠惻怛的良知卽自然無不是道蓋天下之事雖千變萬化至於不可窮詰而但惟致此事親從兄一念真誠惻怛之良知以應之則更無有遺缺滲漏者正謂其只有此一箇良知故也事親從兄一念良知之外更無有良知可致得者故曰堯舜之道孝弟而已矣此所以爲惟精惟一之學放之四海而皆準施諸後世而無朝夕者也文蔚云欲於事親從兄之閒而求所謂良知之學就自己用工得力處如此說亦無不可若曰致其良知之真誠惻怛以求盡夫事親從兄之道焉亦無不可也明道云行仁自孝弟始孝弟是仁之一事謂之

行仁之本則可謂是仁之本則不可其說是矣億逆先覺之說文蔚謂誠則旁行曲防皆良知之用甚善甚善間有攙搭處則前已言之矣惟濬之言亦未爲不是在文蔚須有取於惟濬之言而後盡在惟濬又須有取於文蔚之言而後明不然則亦未免各有倚著之病也舜察邇言而詢芻蕘非是以邇言當察芻蕘當詢而後如此乃良知之發見流行光明圓瑩更無罣礙遮隔處此所以謂之大知才有執著意必其知便小矣講學中自有去取分辨然就心地上著實用工夫卻須如此方是盡心三節區區曾有生知學知困知之說頗已明白無可疑者蓋盡心知性知天者不必說存心養性事天不必說殀壽不貳修身以俟而存心養性與修身以俟之功已在其中矣存心養性事天者雖未到得盡心知天的地位然已是在那裏做箇求到盡心知天的工夫更不必說殀壽不貳修身以俟而殀壽不貳修身以俟之功已在其中矣譬之行路盡心知天者如年力壯健之人既能奔走往來於數千百里之間者也存心事天者如童穉之年使之學習步趨於庭除之間者也殀壽不貳脩身以俟者如襁抱之孩方

使之扶牆傍壁而漸學起立移步者也旣已能奔走往來於數千里之間者則不必更使之於庭除之間而學步趨而步趨於庭除之間自無弗能矣旣已能步趨於庭除之間則不必更使之扶牆傍壁而學起立移步而起立移步自無弗能矣然學起立移步便是學步趨庭除之始學步趨庭除便是學奔走往來於數千里之基固非有二事但其工夫之難易則相去懸絕矣心也性也天也一也故及其知之成功則一然而三者人品力量自有階級不可躐等而能也細觀文蔚之論其意以恐盡心知天者廢卻存心修身之功而反爲盡心知天之病是蓋爲聖人憂工夫之或間斷而不知爲自己憂工夫之未真切也吾儕用工卻須專心致志在殀壽不貳修身以俟上做只此便是做盡心知天功夫之始正如學起立移步便是學奔走千里之始吾方自慮其不能起立移步而豈遽慮其不能奔走千里又況爲奔走千里者而慮其或遺忘於起立移步之習哉文蔚識見本自超絕邁往而所論云然者亦是未能脫去舊時解說文義之習是爲此三段書分疏比合以求融會貫通而自添許多意見纏繞反使用

工不專一也近時懸空去做勿忘勿助者其意見正有此病最能擔誤人不可不滌除耳所謂尊德性而道問學一節至當歸一更無可疑此便是文蔚曾著實用工然後能爲此言此本不是險僻難見的道理人或意見不同者還是良知尚有纖翳潛伏若除去此纖翳卽自無不洞然矣已作書後移臥簷間偶遇無事遂復答此文蔚之學既已得其大者此等處久當釋然自解本不必屑屑如此分疏但承相愛之厚千里差人遠及諄諄下問而竟虛來意又自不能已於言也然直戇煩縷已甚恃在信愛當不爲罪惟濬處及謙之崇一處各得轉錄一通寄視之尤承一體之好也

右南大吉錄

訓蒙大意示教讀劉伯頌等

古之教者教以人倫後世記誦詞章之習起而先王之教亡今教童子惟當以孝弟忠信禮義廉恥爲專務其栽培涵養之方則宜誘之歌詩以發其志意導之習禮以肅其威儀諷之讀書以開其知覺今人往往以歌詩習禮爲不切時

務此皆末俗庸鄙之見烏足以知古人立教之意哉大抵童子之情樂嬉遊而憚拘檢如草木之始萌芽舒暢之則條達摧撓之則衰痿今教童子必使其趨向鼓舞中心喜悅則其進自不能已譬之時雨春風霑被卉木莫不萌動發越自然日長月化若冰霜剝落則生意蕭索日就枯槁矣故凡誘之歌詩者非但發其志意而已亦所以洩其跳號呼嘯於詠歌宣其幽抑結滯於音節也導之習禮者非但肅其威儀而已亦所以周旋揖讓而動蕩其血脈拜起屈伸而固束其筋骸也諷之讀書者非但開其知覺而已亦所以沈潛反復而存其心抑揚諷誦以宣其志也凡此皆所以順導其志意調理其性情潛消其鄙吝默化其麤頑日使之漸於禮義而不苦其難入於中和而不知其故是蓋先王立教之微意也若近世之訓蒙穉者日惟督以句讀課倣責其檢束而不知導之以禮求其聰明而不知養之以善鞭撻繩縛若待拘囚彼視學舍如囹獄而不肯入視師長如寇仇而不欲見窺避掩覆以遂其嬉遊設詐飾詭以肆其頑鄙偷薄庸劣日趨下流是蓋驅之於惡而求其爲善也何可得乎凡吾所以教其意

實在於此恐時俗不察視以爲迂且吾亦將去故特叮嚀以告爾諸教讀其務體吾意永以爲訓毋輒因時俗之言改廢其繩墨庶成蒙以養正之功矣念之念之

教約

每日清晨諸生參揖畢教讀以次徧詢諸生在家所以愛親敬長之心得無懈忽未能真切否溫凊定省之儀得無虧缺未能實踐否往來街衢步趨禮節得無放蕩未能謹飭否一應言行心術得無欺妄非僻未能忠信篤敬否諸童子務要各以實對有則改之無則加勉教讀復隨時就事曲加誨諭開發然後各退就席肄業

凡歌詩須要整容定氣清朗其聲音均審其節調毋躁而急毋蕩而囂毋餒而懾久則精神宣暢心氣和平矣每學量童生多寡分爲四班每日輪一班歌詩其餘皆就席斂容肅聽每五日則總四班遞歌於本學每朔望集各學會歌於書院

凡習禮須要澄心肅慮審其儀節度其容止毋忽而惰毋沮而作毋徑而野從容而不失之迂緩脩謹而不失之拘局久則體貌習熟德性堅定矣童生班次皆如歌詩每閒一日則輪一班習禮其餘皆就席斂容肅觀習禮之日免其課倣每十日則總四班遞習於本學每朔望則集各學會習於書院

凡授書不在徒多但貴精熟量其資稟能二百字者止可授以一百字常使精神力量有餘則無厭苦之患而有自得之美諷誦之際務令專心一志口誦心惟字字句句紬繹反覆抑揚其音節寬虛其心意久則義禮浹洽聰明日開矣

每日工夫先考德次背書誦書次習禮或作課倣次復誦書講書次歌詩凡習禮歌詩之數皆所以常存童子之心使其樂習不倦而無暇及於邪僻教者知此則知所施矣雖然此其大略也神而明之則存乎其人

王文成公全書卷之二

王文成公全書卷之三

語錄三　傳習錄下

正德乙亥九川初見先生於龍江先生與甘泉先生論格物之說甘泉持舊說先生曰是求之於外了甘泉曰若以格物理爲外是自小其心也九川甚喜舊說之是先生又論盡心一章九川一聞卻遂無疑後家居復以格物遺質先生荅云但能實地用功久當自釋山閒乃自錄大學舊本讀之覺朱子格物之說非是然亦疑先生以意之所在爲物物字未明己卯歸自京師再見先生於洪都先生兵務倥傯乘隙講授首問近年用功何如九川曰近年體驗得明明德功夫只是誠意自明明德於天下步步推入根源到誠意上再去不得如何以前又有格致工夫後又體驗覺得意之誠僞必先知覺乃可以顏子有不善未嘗知之知之未嘗復行爲證豁然若無疑卻又多了格物功夫又思來吾心之靈何有不知意之善惡只是物欲蔽了須格去物欲始能如顏子未嘗不知耳又自疑功夫顛倒與誠意不成片段後問希顏希顏

曰先生謂格物致知是誠意功夫極好九川曰如何是誠意功夫希顏令再思體看九川終不悟請問先生曰惜哉此可一言而悟惟濬所舉顏子事便是了只要知身心意知物是一件九川疑曰物在外如何與身心意知是一件先生曰耳目口鼻四肢身也非心安能視聽言動心欲視聽言動無耳目口鼻四肢亦不能故無心則無身無身則無心但指其充塞處言之謂之身指其主宰處言之謂之心指心之發動處謂之意指意之靈明處謂之知指意之涉着處謂之物只是一件意未有懸空的必着事物故欲誠意則隨意所在某事而格之去其人欲而歸於天理則良知之在此事者無蔽而得致矣此便是誠意的功夫九川乃釋然破數年之疑又問甘泉近亦信用大學古本謂格物猶言造道又謂窮理如窮其巢穴之窮以身至之也故格物亦只是隨處體認天理似與先生之說漸同先生曰甘泉用功所以轉得來當時與說親民字不須改他亦不信今論格物亦近但不須換物字作理字只還他一物字便是後有人問九川曰今何不疑物字曰中庸曰不誠無物程

子曰物來順應又如物各付物胷中無物之類皆古人常用字也他日先生
亦云然
九川問近年因厭泛濫之學每要靜坐求屏息念慮非惟不能愈覺擾擾如何
先生曰念如何可息只是要正曰當自有無念時否先生曰實無無念時曰
如此卻如何言靜曰靜未嘗不動動未嘗不靜戒謹恐懼卽是念何分動靜
曰周子何以言定之以中正仁義而主靜曰無欲故靜是靜亦定動亦定的
定字主其本體也戒懼之念是活潑地此是天機不息處所謂維天之命於
穆不已一息便是死非本體之念卽是私念
又問用功收心時有聲色在前如常聞見恐不是專一曰如何欲不聞見除是
槁木死灰耳聾目盲則可只是雖聞見而不流去便是曰昔有人靜坐其子
隔壁讀書不知其勤惰程子稱其甚敬何如曰伊川恐亦是譏他
又問靜坐用功頗覺此心收斂遇事又斷了旋起箇念頭去事上省察事過又
尋舊功還覺有內外打不作一片先生曰此格物之說未透心何嘗有內外

即如惟濬今在此講論又豈有一心在內照管這聽講說時專敬即是那靜坐時心功夫一貫何須更起念頭人須在事上磨鍊做功夫乃有益若只好靜遇事便亂終無長進那靜時功夫亦差似收斂而實放溺也後在洪都復與于中國裳論內外之說渠皆云物自有內外但要內外並着功夫不可有閒耳以質先生曰功夫不離本體本體原無內外只為後來做功夫的分了內外失其本體了如今正要講明功夫不要有內外乃是本體功夫是日俱有省

又問陸子之學何如先生曰濂溪明道之後還是象山只是粗些九川曰看他論學篇篇說出骨髓句句似鍼膏肓卻不見他粗先生曰然他心上用過功夫與揣摹依倣求之文義自不同但細看有粗處用功久當見之

庚辰往虔州再見先生問近來功夫雖若稍知頭腦然難尋箇穩當快樂處先生曰爾卻去心上尋箇天理此正所謂理障此間有箇訣竅曰請問如何曰只是致知曰如何致曰爾那一點良知是爾自家底準則爾意念着處他是

便知是非便知非更瞞他一些不得爾只不要欺他實實落落依着他做去善便存惡便去他這裏何等穩當快樂此便是格物的真訣致知的實功若不靠着這些真機如何去格物我亦近年體貼出來如此分明初猶疑只依他恐有不足精細看無些小欠闕

在虔與于中謙之同侍先生曰人胷中各有箇聖人只自信不及都自埋倒了因顧于中曰爾胷中原是聖人于中起不敢當先生曰此是爾自家有的如何要推于中又曰不敢先生曰衆人皆有之況在于中卻何故謙起來謙亦不得于中乃笑受又論良知在人隨你如何不能泯滅雖盜賊亦自知不當爲盜喚他做賊他還忸怩于中曰只是物欲遮蔽良心在內自不會失如雲自蔽日日何嘗失了先生曰于中如此聰明他人見不及此

先生曰這些子看得透徹隨他千言萬語是非誠僞到前便明合得的便是合不得的便非如佛家說心印相似真是箇試金石指南針

先生曰人若知這良知訣竅隨他多少邪思枉念這裏一覺都自消融真箇是

靈丹一粒點鐵成金

崇一曰先生致知之旨發盡精蘊看來這裏再去不得先生曰何言之易也再用功半年看如何又用功一年看如何功夫愈久愈覺不同此難口說

先生問九川於致知之說體驗如何九川曰自覺不同往時操持常不得箇恰好處此乃是恰好處先生曰可知是體來與聽講不同我初與講時知爾只是忽易未有滋味只這箇要妙再體到深處日見不同是無窮盡的又曰此致知二字真是箇千古聖傳之祕見到這裏百世以俟聖人而不惑

九川問曰伊川說到體用一原顯微無間處門人已說是泄天機先生致知之說莫亦泄天機太甚否先生曰聖人已指以示人只爲後人揜匿我發明耳何故說泄此是人人自有的覺來甚不打緊一般然與不用實功人說亦甚輕忽可惜彼此無益無實用功而不得其要者提撕之甚沛然得力

又曰知來本無知覺來本無覺然不知則遂淪埋

先生曰大凡朋友須箴規指摘處少誘掖獎勸意多方是後又戒九川云與朋

友論學須委曲謙下寬以居之

九川臥病虔州先生云病物亦難格覺得如何對曰功夫甚難先生曰常快活便是功夫

九川問自省念慮或涉邪妄或預料理天下事思到極處井井有味便繾綣難屏覺得早則易覺遲則難用力克治愈覺扞格惟稍遷念他事則隨兩忘如此廓清亦似無害先生曰何須如此只要在良知上着功夫九川曰正謂那一時不知先生曰我這裏自有功夫何緣得他來只爲爾功夫斷了便蔽其知既斷了則繼續舊功便是何必如此九川曰直是難鏖雖知丟他不去先生曰須是勇用功久自有勇故曰是集義所生者勝得容易便是大賢

九川問此功夫卻於心上體驗明白只解書不通先生曰只要解心心明白書自然融會若心上不通只要書上文義通卻自生意見

有一屬官因久聽講先生之學曰此學甚好只是簿書訟獄繁難不得爲學先生聞之曰我何嘗教爾離了簿書訟獄懸空去講學爾既有官司之事便從

官司的事上爲學纔是真格物如問一詞訟不可因其應對無狀起箇怒心不可因他言語圓轉生箇喜心不可惡其囑托加意治之不可因其請求屈意從之不可因自己事務煩冗隨意苟且斷之不可因旁人譖毀羅織隨人意思處之這許多意思皆私只爾自知須精細省察克治惟恐此心有一毫偏倚杜人是非這便是格物致知簿書訟獄之閒無非實學若離了事物爲學卻是著空

虔州將歸有詩別先生云良知何事繫多聞妙合當時已種根好惡從之爲聖學將迎無處是乾元先生曰若未來講此學不知說好惡從之從箇甚麼敷英在座曰誠然嘗讀先生大學古本序不知所說何事及來聽講許時乃稍知大意

于中國裳輩同侍食先生曰凡飲食只是要養我身食了要消化若徒蓄積在肚裏便成痞了如何長得肌膚後世學者博聞多識留滯胷中皆傷食之病也

先生曰聖人亦是學知衆人亦是生知問曰何如曰這良知人人皆有聖人只是保全無些障蔽兢兢業業亹亹翼翼自然不息便也是學只是生的分數多所以謂之生知安行衆人自孩提之童莫不完具此知只是障蔽多然本體之知自難泯息雖問學克治也只憑他只是學的分數多所以謂之學知利行

黃以方問先生格致之說隨時格物以致其知則知是一節之知非全體之知也何以到得溥博如天淵泉如淵地位先生曰人心是天淵心之本體無所不該原是一箇天只爲私欲障礙則天之本體失了心之理無窮盡原是一箇淵只爲私欲窒塞則淵之本體失了如今念念致良知將此障礙窒塞一齊去盡則本體已復便是天淵了乃指天以示之曰比如面前見天是昭昭之天四外見天也只是昭昭之天只爲許多房子牆壁遮蔽便不見天之全體若撤去房子牆壁總是一箇天矣不可道眼前天是昭昭之天外面又不是昭昭之天也于此便見一節之知卽全體之知全體之知卽一節之知總

是一箇本體 已下門人黃直錄

先生曰聖賢非無功業氣節但其循著這天理則便是道不可以事功氣節名矣

發憤忘食是聖人之志如此真無有已時樂以忘憂是聖人之道如此真無有戚時恐不必云得不得也

先生曰我輩致知只是各隨分限所及今日良知見在如此只隨今日所知擴充到底明日良知又有開悟便從明日所知擴充到底如此方是精一功夫與人論學亦須隨人分限所及如樹有這些萌芽只把這些水去灌溉萌芽再長便又加水自拱把以至合抱灌溉之功皆是隨其分限所及若些小萌芽有一桶水在盡要傾上便浸壞他了

問知行合一先生曰此須識我立言宗旨今人學問只因知行分作兩件故有一念發動雖是不善然卻未曾行便不去禁止我今說箇知行合一正要人曉得一念發動處便卽是行了發動處有不善就將這不善的念克倒了須

要徹根徹底不使那一念不善潛伏在胸中此是我立言宗旨

聖人無所不知只是知箇天理無所不能只是能箇天理聖人本體明白故事事知箇天理所在便去盡箇天理不是本體明後卻於天下事物都便知得便做得來也天下事物如名物度數草木鳥獸之類不勝其煩聖人須是本體明了亦何緣能盡知得但不必知的聖人自不消求知其所當知的聖人自能問人如子入太廟每事問之類先儒謂雖知亦問敬謹之至此說不可通聖人於禮樂名物不必盡知然他知得一箇天理便自有許多節文度數出來不知能問亦卽是天理節文所在

問先生嘗謂善惡只是一物善惡兩端如冰炭相反如何謂只一物先生曰至善者心之本體本體上才過當些子便是惡了不是有一箇善卻又有一箇惡來相對也故善惡只是一物直因聞先生之說則知程子所謂善固性也惡亦不可不謂之性又曰善惡皆天理謂之惡者本非惡但於本性上過與不及之閒耳其說皆無可疑

先生嘗謂人但得好善如好好色惡惡如惡惡臭便是聖人直初時聞之覺甚易後體驗得來此箇功夫著實是難如一念雖知好善惡惡然不知不覺又夾雜去了才有夾雜便不是好善如好好色惡惡如惡惡臭的心善能實實的好是無念不善矣惡能實實的惡是無念及惡矣如何不是聖人故聖人之學只是一誠而已

問修道說言率性之謂道屬聖人分上事修道之謂教屬賢人分上事先生曰衆人亦率性也但率性在聖人分上較多故率性之謂道屬聖人事聖人亦修道也但修道在賢人分上多故修道之謂教屬賢人事又曰中庸一書大抵皆是說修道的事故後面凡說君子說顏淵說子路皆是能修道的說小人說賢知愚不肖說庶民皆是不能修道的其他言舜文周公仲尼至誠至聖之類則又聖人之自能修道者也

問儒者到三更時分掃蕩胸中思慮空空靜靜與釋氏之靜只一般兩下皆不用此時何所分別先生曰動靜只是一箇那三更時分空空靜靜的只是存

天理即是如今應事接物的心如今應事接物的心亦是循此天理便是那三更時分空空靜靜的心故動靜只是一箇分別不得知得動靜合一釋氏毫釐差處亦自莫揜矣

門人在座有動止甚矜持者先生曰人若矜持太過終是有弊曰矜持太過如何有弊曰人只有許多精神若專在容貌上用功則於中心照管不及者多矣有太直率者先生曰如今講此學卻外面全不檢束又分心與事爲二矣

門人作文送友行問先生曰作文字不免費思作了後又一二日常記在懷曰文字思索亦無害但作了常記在懷則爲文所累心中有一物矣此則未可也又作詩送人先生看詩畢謂曰凡作文字要隨我分限所及若說得太過了亦非修辭立誠矣

文公格物之說只是少頭腦如所謂察之於念慮之微此一句不該與求之文字之中驗之於事爲之著索之講論之際混作一例看是無輕重也

問有所忿懥一條先生曰忿懥幾件人心怎能無得只是不可有耳凡人忿懥

著了一分意思便怒得過當非廓然大公之體了故有所忿懥便不得其正也如今於凡忿懥等件只是箇物來順應不要着一分意思便心體廓然大公得其本體之正了且如出外見人相鬬其不是的我心亦怒然雖怒卻此心廓然不曾動些子氣如今怒人亦得如此方纔是正

先生嘗言佛氏不著相其實著了相吾儒著相其實不著相請問曰佛怕父子累卻逃了父子怕君臣累卻逃了君臣怕夫婦累卻逃了夫婦都是爲箇君臣父子夫婦著了相便須逃避如吾儒有箇父子還他以仁有箇君臣還他以義有箇夫婦還他以別何曾著父子君臣夫婦的相

黃勉叔問心無惡念時此心空空蕩蕩的不知亦須存箇善念否先生曰既去惡念便是善念便復心之本體矣譬如日光被雲來遮蔽雲去光已復矣若惡念既去又要存箇善念卽是日光之中添燃一燈已下門人黃修易錄

問近來用功亦頗覺妄念不生但腔子裏黑窣窣的不知如何打得光明先生曰初下手用功如何腔子裏便得光明譬如奔流濁水纔貯在缸裏初然雖

定也只是昏濁的須俟澄定旣久自然渣滓盡去復得淸來汝只要在良知上用功良知存久黑窣窣自能光明矣今便要責效卻是助長不成工夫

先生曰吾教人致良知在格物上用功卻是有根本的學問日長進一日愈久愈覺精明世儒教人事事物物上去尋討卻是無根本的學問方其壯時雖暫能外面修飾不見有過老則精神衰邁終須放倒譬如無根之樹移栽水邊雖暫時鮮好終久要憔悴

問志於道一章先生曰只志道一句便含下面數句功夫自住不得譬如做此屋志于道是念念要去擇地鳩材經營成箇區宅據德卻是經畫已成有可據矣依仁卻是常常住在區宅內更不離去游藝卻是加些畫采美此區宅藝者義也理之所宜者也如誦詩讀書彈琴習射之類皆所以調習此心使之熟於道也苟不志道而游藝卻如無狀小子不先去置造區宅只管要去買畫掛做門面不知將掛在何處

問讀書所以調攝此心不可缺的但讀之之時一種科目意思牽引而來不知

何以免此先生曰只要良知真切雖做舉業不爲心累總有累亦易覺克之而已且如讀書時良知知得強記之心不是即克去之有欲速之心不是即克去之有誇多鬭靡之心不是即克去之如此亦只是終日與聖賢印對是箇純乎天理之心任他讀書亦只是調攝此心而已何累之有曰雖蒙開示柰資質庸下實難免累竊聞窮通有命上智之人恐不屑此不肖爲聲利牽纏甘心爲此徒自苦耳欲屏棄之又制於親不能舍去柰何先生曰此事歸辭於親者多矣其實只是無志志立得時良知千事萬爲只是一事讀書作文安能累人人自累於得失耳因嘆曰此學不明不知此處擔閣了幾多英雄漢

問生之謂性告子亦說得是孟子如何非之先生曰固是性但告子認得一邊去了不曉得頭腦若曉得頭腦如此說亦是孟子亦曰形色天性也這也是指氣說又曰凡人信口說任意行皆說此是依我心性出來此是所謂生之謂性然卻要有過差若曉得頭腦依吾良知上說出來行將去便自是停當

然良知亦只是這口說這身行豈能外得氣別有箇去行去說故曰論性不備論氣不備論氣不論性不明氣亦性也性亦氣也但須認得頭腦是當

又曰諸君功夫最不可助長上智絕少學者無超入聖人之理一起一伏一進一退自是功夫節次不可以我前日用得功夫了今卻不濟便要矯強做出一箇沒破綻的模樣這便是助長連前些子功夫都壞了此非小過譬如行路的人遭一蹶跌起來便走不要欺人做那不曾跌倒的樣子出來諸君只要常常懷箇遁世無悶不見是而無悶之心依此良知忍耐做去不管人非笑不管人毀謗不管人榮辱任他功夫有進有退我只是這致良知的主宰不息久久自然有得力處一切外事亦自能不動又曰人若著實用功隨人毀謗隨人欺慢處處得益處處是進德之資若不用功只是魔也終被累倒

先生一日出遊禹穴顧田間禾曰能幾何時又如此長了范兆期在傍曰此只是有根學問能自植根亦不患無長先生曰人孰無根良知即是天植靈根自生生不息但著了私累把此根戕賊蔽塞不得發生耳

一友常易動氣責人先生警之曰學須反己若徒責人只見得人不是不見自己非若能反己方見自己有許多未盡處奚暇責人舜能化得象的傲其機括只是不見象的不是若舜只要正他的姦惡就見得象的不是矣象是傲人必不肯相下如何感化得他是友感悔曰你今後只不要去論人之是非凡當責辯人時就把做一件大己私克去方可

先生曰凡朋友問難縱有淺近粗疏或露才揚己皆是病發當因其病而藥之可也不可便懷鄙薄之心非君子與人爲善之心矣

問易朱子主卜筮程傳主理何如先生曰卜筮是理理亦是卜筮天下之理孰有大於卜筮者乎只爲後世將卜筮專主在占卦上看了所以看得卜筮似小藝不知今之師友問答博學審問慎思明辨篤行之類皆是卜筮卜筮者不過求決狐疑神明吾心而已易是問諸天人有疑自信不及故以易問天謂人心尚有所涉惟天不容僞耳

黃勉之問無適也無莫也義之與比事事要如此否先生曰固是事事要如此

須是識得箇頭腦乃可義卽是良知曉得良知是箇頭腦方無執著且如受
人餽送也有今日當受的他日不當受的也有今日不當受的他日當受的
你若執着了今日當受的便一切受去執着了今日不當受的便一切不受
去便是適莫便不是良知的本體如何喚得做義已下門人黃省曾錄
問思無邪一言如何便蓋得三百篇之義先生曰豈特三百篇六經只此一言
便可該貫以至窮古今天下聖賢的話思無邪一言也可該貫此外更有何
說此是一了百當的功夫
問道心人心先生曰率性之謂道便是道心但著些人的意思在便是人心道
心本是無聲無臭故曰微依著人心行去便有許多不安穩處故曰危
問中人以下不可以語上愚的人與之語上尚且不進況不與之語可乎先生
曰不是聖人終不與語聖人的心憂不得人人都做聖人只是人的資質不
同施教不可躐等中人以下的人便與他說性說命他也不省得也須謾謾
琢磨他起來

一友問讀書不記得如何先生曰只要曉得如何要記得要曉得已是落第二義了只要明得自家本體若徒要記得便不曉得若徒要曉得便明不得自家的本體

問逝者如斯是說自家心性活潑潑地否先生曰然須要時時用致良知的功夫方才活潑潑地方才與他川水一般若須臾間斷便與天地不相似此是學問極至處聖人也只如此

問志士仁人章先生曰只爲世上人都把生身命子看得來太重不問當死不當死定要宛轉委曲保全以此把天理卻丟去了忍心害理何者不爲若違了天理便與禽獸無異便偷生在世上百千年也不過做了千百年的禽獸學者要於此等處看得明白比干龍逄只爲他看得分明所以能成就得他的人

問叔孫武叔毀仲尼大聖人如何猶不免於毀謗先生曰毀謗自外來的雖聖人如何免得人只貴於自修若自己實實落落是箇聖賢縱然人都毀他也

說他不著卻若浮雲揜日如何損得日的光明若自己是箇象恭色莊不堅不介的縱沒一箇人說他他的惡慝終須一日發露所以孟子說有求全之毀有不虞之譽毀譽在外的安能避得只要自修何如爾

劉君亮要在山中靜坐先生曰汝若以厭外物之心去求之靜是反養成一箇驕惰之氣了汝若不厭外物復於靜處涵養卻好

王汝中省曾侍坐先生握扇命曰你們用扇省曾起對曰不敢先生曰聖人之學不是這等綑縛苦楚的不是粧做道學的模樣汝中曰觀仲尼與曾點言志一章略見先生曰然以此章觀之聖人何等寬洪包含氣象且爲師者問志於羣弟子三子皆整頓以對至於曾點飄飄然不看那三子在眼自去鼓起瑟來何等狂態及至言志又不對師之問目都是狂言設在伊川或斥罵起來了聖人乃復稱許他何等氣象聖人教人不是箇束縛他通做一般只如狂者便從狂處成就他狷者便從狷處成就他人之才氣如何同得

先生語陸元靜曰元靜少年亦要解五經志亦好博但聖人教人只怕人不簡

易他說的皆是簡易之規以今人好博之心觀之卻似聖人教人差了

先生曰孔子無不知而作顏子有不善未嘗不知此是聖學真血脈路

何廷仁黃正之李侯璧汝中德洪侍坐先生顧而言曰汝輩學問不得長進只是未立志侯璧起而對曰珙亦願立志先生曰難說不立未是必爲聖人之志耳對曰願立必爲聖人之志先生曰你真有聖人之志良知上更無不盡良知上留得些子别念掛帶便非必爲聖人之志矣洪初聞時心若未服聽說到不覺悚汗

先生曰良知是造化的精靈這些精靈生天生地成鬼成帝皆從此出真是與物無對人若復得他完完全全無少虧欠自不覺手舞足蹈不知天地閒更有何樂可代

一友靜坐有見馳問先生荅曰吾昔居滁時見諸生多務知解口耳異同無益於得姑教之靜坐一時窺見光景頗收近效久之漸有喜靜厭動流入枯槁之病或務爲玄解妙覺動人聽聞故邇來只說致良知良知明白隨你去靜

處體悟也好隨你去事上磨鍊也好良知本體原是無動無靜的此便是學問頭腦我這箇話頭自滁州到今亦較過幾番只是致良知三字無病醫經折肱方能察人病理

一友問功夫欲得此知時時接續一切應感處反覺照管不及若去事上周旋又覺不見了如何則可先生曰此只認良知未真尚有內外之閒我這裏功夫不由人急心認得良知頭腦是當去朴實用功自會透徹到此便是內外兩忘又何心事不合一

又曰功夫不是透得這箇真機如何得他充實光輝若能透得時不由你聰明知解接得來須胷中渣滓渾化不使有毫髮沾帶始得

先生曰天命之謂性命即是性率性之謂道性即是道修道之謂教道即是教問如何道即是教曰道即是良知良知原是完完全全是的還他是非的還他非是非只依著他更無有不是處這良知還是你的明師

問不睹不聞是說本體戒慎恐懼是說功夫否先生曰此處須信得本體原是

不睹不聞的亦原是戒慎恐懼的戒慎恐懼不曾在不睹不聞上加得些子見得真時便謂戒慎恐懼是本體不睹不聞是功夫亦得

問通乎晝夜之道而知先生曰良知原是知晝知夜的又問人睡熟時良知亦不知了曰不知何以一叫便應曰良知常知如何有睡熟時曰向晦宴息此亦造化常理夜來天地混沌形色俱泯人亦耳目無所睹聞衆竅俱翕此卽良知收斂凝一時天地既開庶物露生人亦耳目有所睹聞衆竅俱闢此卽良知妙用發生時可見人心與天地一體故上下與天地同流今人不會宴息夜來不是昏睡卽是忘思魘寐曰睡時功夫如何用先生曰知晝卽知夜矣日間良知是順應無滯的夜間良知卽是收斂凝一的有夢卽先兆

又曰良知在夜氣發的方是本體以其無物欲之雜也學者要使事物紛擾之時常如夜氣一般就是通乎晝夜之道而知

先生曰僊家說到虛聖人豈能虛上加得一毫實佛氏說到無聖人豈能無上加得一毫有但僊家說虛從養生上來佛氏說無從出離生死苦海上來卻

於本體上加卻這些子意思在便不是他虛無的本色了便於本體有障礙聖人只是還他良知的本色更不着些子意在良知之虛便是天之太虛良知之無便是太虛之無形日月風雷山川民物凡有貌象形色皆在太虛無形中發用流行未嘗作得天的障礙聖人只是順其良知之發用天地萬物俱在我良知的發用流行中何嘗又有一物超於良知之外能作得障礙

或問釋氏亦務養心然要之不可以治天下何也先生曰吾儒養心未嘗離卻事物只順其天則自然就是功夫釋氏卻要盡絕事物把心看做幻相漸入虛寂去了與世間若無些子交涉所以不可治天下

或問異端先生曰與愚夫愚婦同的是謂同德與愚夫愚婦異的是謂異端

先生曰孟子不動心與告子不動心所異只在毫釐閒告子只在不動心上著功孟子便直從此心原不動處分曉心之本體原是不動的只爲所行有不合義便動了孟子不論心之動與不動只是集義所行無不是義此心自然無可動處若告子只要此心不動便是把捉此心將他生生不息之根反阻

撓了此非徒無益而又害之孟子集義工夫自是養得充滿並無餒歉自是縱橫自在活潑潑地此便是浩然之氣

又曰孟子病源從性無善無不善上見來性無善無不善雖如此說亦無大差但告子執定看了便有箇無善無不善的性在內有善有惡又在物感上看便有箇物在外卻做兩邊看了便會差無善無不善性原是如此悟得及時只此一句便盡了更無有內外之閒告子見一箇性在內見一箇物在外便見他於性有未透徹處

朱本思問人有虛靈方有良知若草木瓦石之類亦有良知否先生曰人的良知就是草木瓦石的良知若草木瓦石無人的良知不可以爲草木瓦石矣豈惟草木瓦石爲然天地無人的良知亦不可爲天地矣蓋天地萬物與人原是一體其發竅之最精處是人心一點靈明風雨露雷日月星辰禽獸草木山川土石與人原只一體故五穀禽獸之類皆可以養人藥石之類皆可以療疾只爲同此一氣故能相通耳

先生遊南鎮一友指岩中花樹問曰天下無心外之物如此花樹在深山中自開自落於我心亦何相關先生曰你未看此花時此花與汝心同歸於寂你來看此花時則此花顏色一時明白起來便知此花不在你的心外

問大人與物同體如何大學又說箇厚薄先生曰惟是道理自有厚薄比如身是一體把手足捍頭目豈是偏要薄手足其道理合如此禽獸與草木同是愛的把草木去養禽獸又忍得人與禽獸同是愛的宰禽獸以養親與供祭祀燕賓客心又忍得至親與路人同是愛的如簞食豆羹得則生不得則死不能兩全寧救至親不救路人心又忍得這是道理合該如此及至吾身與至親更不得分別彼此厚薄蓋以仁民愛物皆從此出此處可忍更無所不忍矣大學所謂厚薄是良知上自然的條理不可踰越此便謂之義順這箇條理便謂之禮知此條理便謂之智終始是這條理便謂之信

又曰目無體以萬物之色為體耳無體以萬物之聲為體鼻無體以萬物之臭為體口無體以萬物之味為體心無體以天地萬物感應之是非為體

問夭壽不貳先生曰學問功夫於一切聲利嗜好俱能脫落殆盡尚有一種生死念頭毫髮掛帶便於全體有未融釋處人於生死念頭本從生身命根上帶來故不易去若於此處見得破透得過此心全體方是流行無礙方是盡性至命之學

一友問欲於靜坐時將好名好色好貨等根逐一搜尋掃除廓清恐是剜肉做瘡否先生正色曰這是我醫人的方子真是去得人病根更有大本事人過了十數年亦還用得著你如不用且放起不要作壞我的方子是友愧謝少閒曰此量非你事必吾門稍知意思者爲此說以誤汝在坐者皆悚然

一友問功夫不切先生曰學問功夫我已曾一句道盡如何今日轉說轉遠都不著根對曰致良知蓋聞教矣然亦須講明先生曰既知致良知又何可講明良知本是明白實落用功便是不肯用功只在語言上轉說轉糊塗曰正求講明致之之功先生曰此亦須你自家求我亦無別法可道昔有禪師人來問法只把麈尾提起一日其徒將麈尾藏過試他如何設法禪師尋麈尾

不見又只空手提起我這箇良知就是設法的塵尾舍了這箇有何可提得

少閒又一友請問功夫切要先生旁顧曰我塵尾安在一時在坐者皆躍然

或問至誠前知先生曰誠是實理只是一箇良知實理之妙用流行就是神其萌動處就是幾誠神幾曰聖人聖人不貴前知禍福之來雖聖人有所不免聖人只是知幾遇變而通耳良知無前後只知得見在的幾便是一了百了若有箇前知的心就是私心就有趨避利害的意邵子必於前知終是利害心未盡處

先生曰無知無不知本體原是如此譬如日未嘗有心照物而自無物不照無照無不照原是日的本體良知本無知今卻要有知本無不知今卻疑有不知只是信不及耳

先生曰惟天下之聖爲能聰明睿知舊看何等玄妙今看來原是人人自有的耳原是聰目原是明心思原是睿知聖人只是一能之爾能處正是良知衆人不能只是箇不致知何等明白簡易

問孔子所謂遠慮周公夜以繼日與將迎不同何如先生曰遠慮不是茫茫蕩蕩去思慮只是要存這天理天理在人心亙古亙今無有終始天理卽是良知千思萬慮只是要致良知良知愈思愈精明若不精思漫然隨事應去良知便粗了若只著在事上茫茫蕩蕩去思教做遠慮便不免有毀譽得喪人欲攙入其中就是將迎了周公終夜以思只是戒慎不睹恐懼不聞的功夫見得時其氣象與將迎自別

問一日克己復禮天下歸仁朱子作效驗說如何先生曰聖賢只是爲己之學重功夫不重效驗仁者以萬物爲體不能一體只是己私未忘全得仁體則天下皆歸於吾仁就是八荒皆在我闥意天下皆與其仁亦在其中如在邦無怨在家無怨亦只是自家不怨如不怨天不尤人之意然家邦無怨於我亦在其中但所重不在此

問孟子巧力聖智之說朱子云三子力有餘而巧不足何如先生曰三子固有力亦有巧巧力實非兩事巧亦只在用力處力而不巧亦是徒力三子譬如

射一能步箭一能馬箭一能遠箭他射得到俱謂之力中處俱可謂之巧但步不能馬馬不能遠各有所長便是才力分限有不同處孔子則三者皆長然孔子之和只到得柳下惠而極清只到得伯夷而極任只到得伊尹而極何曾加得些子若謂三子力有餘而巧不足則其力反過孔子了巧力只是發明聖知之義若識得聖知本體是何物便自然了

先生曰先天而天弗違天卽良知也後天而奉天時良知卽天也

良知只是箇是非之心是非只是箇好惡只好惡就盡了是非只是非就盡了萬事萬變又曰是非兩字是箇大規矩巧處則存乎其人

聖人之知如青天之日賢人如浮雲天日愚人如陰霾天日雖有昏明不同其能辨黑白則一雖昏黑夜裏亦影影見得黑白就是日之餘光未盡處困學功夫亦只從這點明處精察去耳

問知譬日欲譬雲雲雖能蔽日亦是天之一氣合有的欲亦莫非人心合有否先生曰喜怒哀懼愛惡欲謂之七情七者俱是人心合有的但要認得良知

明白比如日光亦不可指著方所一隙通明皆是日光所在雖雲霧四塞太虛中色象可辨亦是日光不滅處不可以雲能蔽日教天不要生雲七情順其自然之流行皆是良知之用不可分別善惡但不可有所著七情有著俱謂之欲俱爲良知之蔽然纔有著時良知亦自會覺覺卽蔽去復其體矣此處能勘得破方是簡易透徹功夫

問聖人生知安行是自然的如何有甚功夫先生曰知行二字卽是功夫但有淺深難易之殊耳良知原是精精明明的如欲孝親生知安行的只是依此良知實落盡孝而已學知利行者只是時時省覺務要依此良知盡孝而已至於困知勉行者蔽錮已深雖要依此良知去孝又爲私欲所阻是以不能必須加人一己百人十己千之功方能依此良知以盡其孝聖人雖是生知安行然其心不敢自是肯做困知勉行的功夫困知勉行的卻要思量做生知安行的事怎生成得

問樂是心之本體不知遇大故於哀哭時此樂還在否先生曰須是大哭一番

了方樂不哭便不樂矣雖哭此心安處卽是樂也本體未嘗有動

問良知一而已文王作彖周公繫爻孔子贊易何以各自看理不同先生曰聖人何能拘得死格大要出於良知同便各爲說何害且如一園竹只要同此枝節便是大同若拘定枝枝節節都要高下大小一樣便非造化妙手矣汝輩只要去培養良知良知同更不妨有異處汝輩若不肯用功連筍也不曾抽得何處去論枝節

鄉人有父子訟獄請訴於先生侍者欲阻之先生聽之言不終辭其父子相抱慟哭而去柴鳴治入問曰先生何言致伊感悔之速先生曰我言舜是世間大不孝的子瞽瞍是世間大慈的父鳴治愕然請問先生曰舜常自以爲大不孝所以能孝瞽瞍常自以爲大慈所以不能慈瞽瞍只記得舜是我提孩長的今何不曾豫悅我不知自心已爲後妻所移了尚謂自家能慈所以愈不能慈舜只思父提孩我時如何愛我今日不愛只是我不能盡孝日思所以不能盡孝處所以愈能孝及至瞽瞍底豫時又不過復得此心原慈的本

體所以後世稱舜是箇古今大孝的子瞽瞍亦做成箇慈父

先生曰孔子有鄙夫來問未嘗先有知識以應之其心只空空而已但叩他自知的是非兩端與之一剖決鄙夫之心便已了然鄙夫自知的是非便是他本來天則雖聖人聰明如何可與增減得一毫他只不能自信夫子與之一剖決便已竭盡無餘了若夫子與鄙夫言時留得些子知識在便是不能竭他的良知道體卽有二了

先生曰烝烝乂不格姦本註說象已進進於義不至大爲姦惡舜徵庸後象猶日以殺舜爲事何大姦惡如之舜只是自進於乂以乂薰烝不去正他姦惡凡文過揜慝此是惡人常態若要指摘他是非反去激他惡性舜初時致得象要殺己亦是要象好的心太急此就是舜之過處經過來乃知功夫只在自己不去責人所以致得克諧此是舜動心忍性增益不能處古人言語俱是自家經歷過來所以說得親切遺之後世曲當人情若非自家經過如何得他許多苦心處

先生曰古樂不作久矣今之戲子尚與古樂意思相近未達請問先生曰韶之九成便是舜的一本戲子武之九變便是武王的一本戲子聖人一生實事俱播在樂中所以有德者聞之便知他盡善盡美與盡美未盡善處若後世作樂只是做些詞調於民俗風化絕無關涉何以化民善俗今要民俗反朴還淳取今之戲子將妖淫詞調俱去了只取忠臣孝子故事使愚俗百姓人人易曉無意中感激他良知起來卻於風化有益然後古樂漸次可復矣曰洪要求元聲不可得恐於古樂亦難復先生曰你說元聲在何處求對曰古人制管候氣恐是求元聲之法先生曰若要去葭灰黍粒中求元聲卻如水底撈月如何可得元聲只在你心上求曰心如何求先生曰古人爲治先養得人心和平然後作樂比如在此歌詩你的心氣和平聽者自然悅懌興起只此便是元聲之始書云詩言志志便是樂的本歌永言歌便是作樂的本聲依永律和聲律只要和聲和聲便是制律的本何嘗求之於外曰古人制候氣法是意何取先生曰古人具中和之體以作樂我的中和原與天地之

氣相應候天地之氣協鳳凰之音不過去驗我的氣果和否此是成律已後事非必待此以成律也今要候灰管先須定至日然至日子時恐又不準又何處取得準來

先生曰學問也要點化但不如自家解化者自一了百當不然亦點化許多不得

孔子氣魄極大凡帝王事業無不一一理會也只從那心上來譬加大樹有多少枝葉也只是根本上用得培養功夫故自然能如此非是從枝葉上用功做得根本也學者學孔子不在心上用功汲汲然去學那氣魄卻倒做了

人有過多於過上用功就是補甑其流必歸於文過

今人於喫飯時雖然一事在前其心常役役不寧只緣此心忙慣了所以收攝不住

琴瑟簡編學者不可無蓋有業以居之心就不放

先生嘆曰世間知學的人只有這些病痛打不破就不是善與人同崇一曰這

病痛只是箇好高不能忘己爾
問良知原是中和的如何卻有過不及先生曰知得過不及處就是中和
所惡於上是良知毋以使下卽是致知
先生曰蘇秦張儀之智也是聖人之資後世事業文章許多豪傑名家只是學得儀秦故智儀秦學術善揣摸人情無一些不中人肯綮故其說不能窮儀秦亦是窺見得良知妙用處但用之於不善爾
或問未發已發先生曰只緣後儒將未發已發分說了只得劈頭說箇無未發已發使人自思得之若說有箇已發未發聽者依舊落在後儒見解若眞見得無未發已發說箇有未發已發原不妨原有箇未發已發在問曰未發未嘗不和已發未嘗不中譬如鐘聲未扣不可謂無旣扣不可謂有畢竟有箇扣與不扣何如先生曰未扣時原是驚天動地旣扣時也只是寂天寞地
問古人論性各有異同何者乃爲定論先生曰性無定體論亦無定體有自本體上說者有自發用上說者有自源頭上說者有自流弊處說者總而言之

只是一箇性但所見有淺深爾若執定一邊便不是了性之本體原是無善無惡的發用上也原是可以爲善可以爲不善的其流弊也原是一定善一定惡的譬如眼有喜時的眼有怒時的眼直視就是看的眼微視就是覷的眼總而言之只是這箇眼若見得怒時眼就說未嘗有喜的眼見得看時眼就說未嘗有覷的眼皆是執定就知是錯孟子說性直從源頭上說來亦是說箇大槩如此荀子性惡之說是從流弊上說來也未可盡說他不是只是見得未精耳衆人則失了心之本體問孟子從源頭上說性要人用功在源頭上明徹荀子從流弊說性功夫只在末流上救正便費力了先生曰然

先生曰用功到精處愈著不得言語說理愈難若着意在精微上全體功夫反蔽泥了

楊慈湖不爲無見又着在無聲無臭上見了

人一日閱古今世界都經過一番只是人不見耳夜氣清明時無視無聽無思無作淡然平懷就是羲皇世界平旦時神清氣朗雍雍穆穆就是堯舜世界

日中以前禮儀交會氣象秩然就是三代世界日中以後神氣漸昏往來雜擾就是春秋戰國世界漸漸昏夜萬物寢息景象寂寥就是人消物盡世界學者信得良知過不爲氣所亂便常做箇羲皇已上人

薛尚謙鄒謙之馬子莘王汝止侍坐因嘆先生自征寧藩已來天下謗議益衆請各言其故有言先生功業勢位日隆天下忌之者日衆有言先生之學日明故爲宋儒爭是非者亦日博有言先生自南都以後同志信從者日衆而四方排阻者日益力先生曰諸君之言信皆有之但吾一段自知處諸君俱未道及耳諸友請問先生曰我在南都已前尚有些子鄉愿的意思在我今信得這良知真是真非信手行去更不著些覆藏我今纔做得箇狂者的胸次使天下之人都說我行不揜言也罷尚謙出曰信得此過方是聖人的真血脈

先生鍛鍊人處一言之下感人最深一日王汝止出遊歸先生問曰遊何見對曰見滿街人都是聖人先生曰你看滿街人是聖人滿街人到看你是聖人

在又一日董蘿石出遊而歸見先生曰今日見一異事先生曰何異對曰見滿街人都是聖人先生曰此亦常事耳何足爲異蓋汝止圭角未融蘿石恍見有悟故問同荅異皆反其言而進之洪與黄正之張叔謙汝中丙戌會試歸爲先生道途中講學有信有不信先生曰你們拏一箇聖人去與人講學人見聖人來都怕走了如何講得行須做得箇愚夫愚婦方可與人講學洪又言今日要見人品高下最易先生曰何以見之對曰先生譬如泰山在前有不知仰者須是無目人先生曰泰山不如平地大平地有何可見先生一言翦裁剖破終年爲外好高之病在座者莫不悚懼

癸未春鄒謙之來越問學居數日先生送别于浮峯是夕與希淵諸友移舟宿延壽寺秉燭夜坐先生慨悵不已曰江濤烟柳故人倏在百里外矣一友問曰先生何念謙之之深也先生曰曾子所謂以能問於不能以多問於寡有若無實若虛犯而不較若謙之者良近之矣

丁亥年九月先生起復征思田將命行時德洪與汝中論學汝中舉先生教言

曰無善無惡是心之體有善有惡是意之動知善知惡是良知爲善去惡是格物德洪曰此意如何汝中曰此恐未是究竟話頭若說心體是無善無惡意亦是無善無惡的意知亦是無善無惡的知物是無善無惡的物矣若說意有善惡畢竟心體還有善惡在德洪曰心體是天命之性原是無善無惡的但人有習心意念上見有善惡在格致誠正修此正是復那性體功夫若原無善惡功夫亦不消說矣是夕侍坐天泉橋各舉請正先生曰我今將行正要你們來講破此意二君之見正好相資爲用不可各執一邊我這裏接人原有此二種利根之人直從本源上悟入人心本體原是明瑩無滯的原是箇未發之中利根之人一悟本體卽是功夫人已內外一齊俱透了其次不免有習心在本體受蔽故且教在意念上實落爲善去惡功夫熟後渣滓去得盡時本體亦明盡了汝中之見是我這裏接利根人的德洪之見是我這裏爲其次立法的二君相取爲用則中人上下皆可引入於道若各執一邊眼前便有失人便於道體各有未盡既而曰已後與朋友講學切不可失

了我的宗旨無善無惡是心之體有善有惡是意之動知善知惡的是良知
爲善去惡是格物只依我這話頭隨人指點自沒病痛此原是徹上徹下功
夫利根之人世亦難遇本體功夫一悟盡透此顏子明道所不敢承當豈可
輕易望人人有習心不教他在良知上實用爲善去惡功夫只去懸空想箇
本體一切事爲俱不着實不過養成一箇虛寂此箇病痛不是小小不可不
早說破是日德洪汝中俱有省

先生初歸越時朋友蹤跡尚寥落既後四方來遊者日進癸未年已後環先生
而居者比屋如天妃光相諸刹每當一室常合食者數十人夜無臥處更相
就席歌聲徹昏旦南鎮禹穴陽明洞諸山遠近寺刹徙足所到無非同志遊
寓所在先生每臨講座前後左右環坐而聽者常不下數百人送往迎來月
無虛日至有在侍更歲不能遍記其姓名者每臨別先生常嘆曰君等雖別
不出在天地閒苟同此志吾亦可以忘形似矣諸生每聽講出門未嘗不跳
躍稱快嘗聞之同門先輩曰南都以前朋友從遊者雖衆未有如在越之盛

者此雖講學日久孚信漸博要亦先生之學日進感召之機申變無方亦自有不同也

此後黃以方錄

黃以方問博學於文爲隨事學存此天理然則謂行有餘力則以學文其說似不相合先生曰詩書六藝皆是天理之發見文字都包在其中攷之詩書六藝皆所以學存此天理也不特發見于事爲者方爲文耳餘力學文亦只博學於文中事或問學而不思二句曰此亦有爲而言其實思卽學也學有所疑便須思之思而不學者蓋有此等人只懸空去思要想出一箇道理卻不在身心上實用其力以學存此天理思與學作兩事做故有罔與殆之病其實思只是思其所學原非兩事也

先生曰先儒解格物爲格天下之物天下之物如何格得且謂一草一木亦皆有理今如何去格縱格得草木來如何反來誠得自家意我解格作正字義物作事字義大學之所謂身卽耳目口鼻四肢是也欲修身便是要目非禮

勿視耳非禮勿聽口非禮勿言四肢非禮勿動要修這箇身身上如何用得工夫心者身之主宰目雖視而所以視者心也耳雖聽而所以聽者心也口與四肢雖言動而所以言動者心也故欲修身在於體當自家心體常令廓然大公無有些子不正處主宰一正則發竅于目自無非禮之視發竅于耳自無非禮之聽發竅于口與四肢自無非禮之言動此便是修身在正其心然至善者心之本體也心之本體那有不善如今要正心本體上何處用得功必就心之發動處纔可著力也心之發動不能無不善故須就此處著力便是在誠意如一念發在好善上便實實落落去好善一念發在惡惡上便實實落落去惡惡意之所發既無不誠則其本體如何有不正的故欲正其心在誠意工夫到誠意始有着落處然誠意之本又在于致知也所謂人雖不知而己所獨知者此正是吾心良知處然知得善卻不依這箇良知便做去知得不善卻不依這箇良知便不去做則這箇良知便遮蔽了是不能致知也吾心良知既不能擴充到底則善雖知好不能著實好了惡雖知惡不

能著實惡了如何得意誠故致知者意誠之本也然亦不是懸空的致知致知在實事上格如意在于爲善便就這件事上去爲意在于去惡便就這件事上去不爲去惡固是格不正以歸於正爲善則不善正了亦是格不正以歸於正也如此則吾心良知無私欲蔽了得以致其極而意之所發好善去惡無有不誠矣誠意工夫實下手處在格物也若如此格物人人便做得人皆可以爲堯舜正在此也

先生曰衆人只說格物要依晦翁何曾把他的說去用我著實曾用來初年與錢友同論做聖賢要格天下之物如今安得這等大的力量因指亭前竹子令去格看錢子早夜去窮格竹子的道理竭其心思至於三日便致勞神成疾當初說他這是精力不足某因自去窮格早夜不得其理到七日亦以勞思致疾遂相與嘆聖賢是做不得的無他大力量去格物了及在夷中三年頗見得此意思乃知天下之物本無可格者其格物之功只在身心上做決然以聖人爲人人可到便自有擔當了這裏意思卻要說與諸公知道

門人有言邵端峯論童子不能格物只教以灑掃應對之說先生曰灑掃應對就是一件物童子良知只到此便教去灑掃應對就是致他這一點良知了又如童子知畏先生長者此亦是他良知處故雖嬉戲中見了先生長者便去作揖恭敬是他能格物以致敬師長之良知了童子自有童子的格物致知又曰我這裏言格物自童子以至聖人皆是此等工夫但聖人格物便更熟得些子不消費力如此格物雖賣柴人亦是做得雖公卿大夫以至天子皆是如此做

或疑知行不合一以知之匪艱二句為問先生曰良知自知原是容易的只是不能致那良知便是知之匪艱行之惟艱

門人問曰知行如何得合一且如中庸言博學之又說箇篤行之分明知行是兩件先生曰博學只是事事學存此天理篤行只是學之不已之意又問易學以聚之又言仁以行之此是如何先生曰也是如此事事去學存此天理則此心更無放失時故曰學以聚之然常常學存此天理更無私欲間斷此

卽是此心不息處故曰仁以行之又問孔子言知及之仁不能守之知行卻是兩箇了先生曰說及之已是行了但不能常常行已爲私欲閒斷便是仁不能守又問心卽理之說程子云在物爲理如何謂心卽理先生曰在物爲理在字上當添一心字此心在物則爲理如此心在事父則爲孝在事君則爲忠之類先生因謂之曰諸君要識得我立言宗旨我如今說箇心卽理是如何只爲世人分心與理爲二故便有許多病痛如五伯攘夷狄尊周室都是一箇私心便不當理人卻說他做得當理只心有未純往往悅慕其所爲要來外面做得好看卻與心全不相干分心與理爲二其流至于伯道之僞而不自知故我說箇心卽理要使知心理是一箇便來心上做工夫不去襲義於義便是王道之眞此我立言宗旨又問聖賢言語許多如何卻要打做一箇曰我不是要打做一箇如曰夫道一而已矣又曰其爲物不二則其生物不測天地聖人皆是一箇如何二得

心不是一塊血肉凡知覺處便是心如耳目之知視聽手足之知痛癢此知覺

便是心也

以方問曰先生之說格物凡中庸之慎獨及集義博約等說皆爲格物之事先生曰非也格物卽慎獨卽戒懼至於集義博約工夫只一般不是以那數件都做格物底事

以方問尊德性一條先生曰道問學卽所以尊德性也晦翁言子靜以尊德性誨人某教人豈不是道問學處多了些子是分尊德性道問學作兩件且如今講習討論下許多工夫無非只是存此心不失其德性而已豈有尊德性只空空去尊更不去問學問學只是空空去問學更與德性無關涉如此則不知今之所以講習討論者更學何事問致廣大二句曰盡精微卽所以致廣大也道中庸卽所以極高明也蓋心之本體自是廣大底人不能盡精微則便爲私欲所蔽有不勝其小者矣故能細微曲折無所不盡則私意不足以蔽之自無許多障礙遮隔處如何廣大不致又問精微還是念慮之精微是事理之精微曰念慮之精微卽事理之精微也

先生曰今之論性者紛紛異同皆是說性非見性也見性者無異同之可言矣

問聲色貨利恐良知亦不能無先生曰固然但初學用功卻須掃除蕩滌勿使留積則適然來遇始不爲累自然順而應之良知只在聲色貨利上用功能致得良知精精明明毫髮無蔽則聲色貨利之交無非天則流行矣

先生曰吾與諸公講致知格物日日是此講一二十年俱是如此諸君聽吾言實去用功見吾講一番自覺長進一番否則只作一場話說雖聽之亦何用

先生曰人之本體常常是寂然不動的常常是感而遂通的未應不是先已應不是後

一友舉佛家以手指顯出問曰衆曾見否衆曰見之復以手指入袖問曰衆還見否衆曰不見佛說還未見性此義未明先生曰手指有見有不見爾之見性常在人之心神只在有覩有聞上馳騖不在不覩不聞上著實用功蓋不覩不聞是良知本體戒愼恐懼是致良知的工夫學者時時刻刻常覩其所不覩常聞其所不聞工夫方有箇實落處久久成熟後則不須著力不待防

檢而真性自不息矣豈以在外者之聞見爲累哉

問先儒謂鳶飛魚躍與必有事焉同一活潑潑地先生曰亦是天地閒活潑潑地無非此理便是吾良知的流行不息致良知便是必有事的工夫此理非惟不可離實亦不得而離也無往而非道無往而非工夫

先生曰諸公在此務要立箇必爲聖人之心時時刻刻須是一棒一條痕一摑一掌血方能聽吾說話句句得力若茫茫蕩蕩度日譬如一塊死肉打也不知得痛癢恐終不濟事回家只尋得舊時伎倆而已豈不惜哉

問近來妄念也覺少亦覺不曾著想定要如何用功不知此是工夫否先生曰汝且去着實用功便多這些著想也不妨久久自會妥帖若纔下得些功便說效驗何足爲恃

一友自嘆私意萌時分明自心知得只是不能使他即去先生曰你萌時這一知處便是你的命根當下即去消磨便是立命工夫

夫子說性相近即孟子說性善不可專在氣質上說若說氣質如剛與柔對如

何相近得惟性善則同耳人生初時善原是同的但剛的習於善則爲剛善習於惡則爲剛惡柔的習於善則爲柔善習於惡則爲柔惡便日相遠了

先生嘗語學者曰心體上著不得一念留滯就如眼著不得些子塵沙些子能得幾多滿眼便昏天黑地了又曰這一念不但是私念便好的念頭亦着不得些子如眼中放些金玉屑眼亦開不得了

問人心與物同體如吾身原是血氣流通的所以謂之同體若於人便異體了禽獸草木益遠矣而何謂之同體先生曰你只在感應之幾上看豈但禽獸草木雖天地也與我同體的鬼神也與我同體的請問先生曰你看這箇天地中閒甚麽是天地的心對曰嘗聞人是天地的心曰人又甚麽教做心對曰只是一箇靈明可知充天塞地中閒只有這箇靈明人只爲形體自閒隔了我的靈明便是天地鬼神的主宰天沒有我的靈明誰去仰他高地沒有我的靈明誰去俯他深鬼神沒有我的靈明誰去辯他吉凶災祥天地鬼神萬物離卻我的靈明便沒有天地鬼神萬物了我的靈明離卻天地鬼神萬

物亦沒有我的靈明如此便是一氣流通的如何與他閒隔得又問天地鬼神萬物千古見在何沒了我的靈明便俱無了曰今看死的人他這些精靈游散了他的天地萬物尚在何處

先生起行征思田德洪與汝中追送嚴灘汝中舉佛家實相幻相之說先生曰有心俱是實無心俱是幻無心俱是實有心俱是幻汝中曰有心俱是實無心俱是幻是本體上說工夫無心俱是實有心俱是幻是工夫上說本體先生然其言洪於是時尚未了達數年用功始信本體工夫合一但先生是時因問偶談若吾儒指點人處不必借此立言耳

嘗見先生送二三耆宿出門退坐于中軒若有憂色德洪趨進請問先生曰頃與諸老論及此學眞員鑿方枘此道坦如道路世儒往往自加荒塞終身陷荆棘之場而不悔吾不知其何說也德洪退謂朋友曰先生誨人不擇衰朽仁人憫物之心也

先生曰人生大病只是一傲字爲子而傲必不孝爲臣而傲必不忠爲父而傲

必不慈爲友而傲必不信故象與丹朱俱不肖亦只一傲字便結果了此生
諸君常要體此人心本是天然之理精精明明無纖介染著只是一無我而
已胷中切不可有有卽傲也古先聖人許多好處也只是無我而已無我自
能謙謙者衆善之基傲者衆惡之魁

又曰此道至簡至易的亦至精至微的孔子曰其如示諸掌乎且人於掌何日
不見及至問他掌中多少文理卻便不知卽如我良知二字一講便明誰不
知得若欲的見良知卻誰能見得問曰此知恐是無方體的最難捉摸先生
曰良知卽是易其爲道也屢遷變動不居周流六虛上下無常剛柔相易不
可爲典要惟變所適此知如何捉摸得見得透時便是聖人

問孔子曰回也非助我者也是聖人果以相助望門弟子否先生曰亦是實話
此道本無窮盡問難愈多則精微愈顯聖人之言本自周遍但有問難的人
胷中窒礙聖人被他一難發揮得愈加精神若顏子聞一知十胷中了然如
何得問難故聖人亦寂然不動無所發揮故曰非助

鄒謙之嘗語德洪曰舒國裳曾持一張紙請先生寫拱把之桐梓一章先生懸筆爲書到至於身而不知所以養之者顧而笑曰國裳讀書中過狀元來豈誠不知身之所以當養還須誦此以求警一時在侍諸友皆惕然

嘉靖戊子冬德洪與王汝中奔師喪至廣信訃告同門約三年收錄遺言繼後同門各以所記見遺洪擇其切於問正者合所私錄得若干條居吳時將與文錄並刻矣適以憂去未遂當是時也四方講學日衆師門宗旨既明若無事於贅刻者故不復縈念去年同門曾子才漢得洪手抄復傍爲采輯名曰遺言以刻行於荊洪讀之覺當時采錄未精乃爲删其重復削去蕪蔓存其三之一名曰傳習續錄復刻於寧國之水西精舍今年夏洪來遊蘄沈君思畏曰師門之教久行于四方而獨未及于蘄蘄之士得讀遺言若親炙

夫子之教指見良知若重覩日月之光惟恐傳習之不博而未以重復之爲繁也請裒其所逸者增刻之若何洪曰然師門致知格物之旨開示來

學學者躬修默悟不敢以知解承而惟以實體得故吾師終日言是而不憚其煩學者終日聽是而不厭其數蓋指示專一則體悟日精幾迎於言前神發於言外感遇之誠也今吾師之沒未及三紀而格言微旨漸覺淪晦豈非吾黨身踐之不力多言有以病之耶學者之趨不一師門之教不宣也乃復取逸稿采其語之不背者得一卷其餘影響不真與文錄既載者皆削之幷易中卷爲問荅語以付黃梅尹張君增刻之庶幾讀者不以知解承而惟以實體得而無疑于是錄矣嘉靖丙辰夏四月門人錢德洪拜書于蘄之崇正書院

附錄朱子晚年定論

定論首刻於南贛朱子病目靜久忽悟聖學之淵微乃大悔中年註述誤己誤人遍告同志師閱之喜己學與晦翁同手錄一卷門人刻行之自是爲朱子論異同者寡矣師曰無意中得此一助隆慶壬申虬峯謝君廷傑刻師全書命刻定論附語錄後見師之學與朱子無相繆戾則千古正學

同一源矣并師首敘與袁慶麟跋凡若干條洪僭引其說

朱子晚年定論

陽明子序曰洙泗之傳至孟氏而息千五百餘年濂溪明道始復追尋其緒自後辨析日詳然亦日就支離決裂旋復湮晦吾嘗深求其故大抵皆世儒之多言有以亂之守仁早歲業舉溺志詞章之習既乃稍知從事正學而苦於衆說之紛撓疲薾茫無可入因求諸老釋欣然有會於心以爲聖人之學在此矣然於孔子之教閒相出入而措之日用往往缺漏無歸依違往返且信且疑其後謫官龍場居夷處困動心忍性之餘恍若有悟體驗探求再更寒暑證諸五經四子沛然若決江河而放諸海也然後嘆聖人之道坦如大路而世之儒者妄開竇逕蹈荊棘墮坑塹究其爲說反出二氏之下宜乎世之高明之士厭此而趨彼也此豈二氏之罪哉閒嘗以語同志而聞者競相非議目以爲立異好奇雖每痛反深抑務自搜剔斑瑕而愈益精明的確洞然無復可疑獨於朱子之說有相牴牾恆疚於心切疑朱子之賢而豈其於

此尚有未察及官留都復取朱子之書而檢求之然後知其晚歲固已大悟舊說之非痛悔極艾至以爲自誑誑人之罪不可勝贖世之所傳集註或問之類乃其中年未定之說自咎以爲舊本之誤思改正而未及而其諸語類之屬又其門人挾勝心以附己見固於朱子平日之說猶有大相繆戾者而世之學者局於見聞不過持循講習於此其於悟後之論槩乎其未有聞則亦何怪乎予言之不信而朱子之心無以自暴於後世也乎予既自幸其說之不繆於朱子又喜朱子之先得我心之同然且慨夫世之學者徒守朱子中年未定之說而不復知求其晚歲既悟之論競相呶呶以亂正學不自知其已入於異端輒採錄而裒集之私以示夫同志庶幾無疑於吾說而聖學之明可冀矣正德乙亥冬十一月朔後學餘姚王守仁序

答黃直卿書

爲學直是先要立本文義卻可且與說出正意令其寬心玩味未可便令考校同異研究纖密恐其意思促迫難得長進將來見得大意略舉一二節目漸次

理會蓋未晚也此是向來定本之誤今幸見得卻煩勇革不可苟避譏笑卻誤
人也

答呂子約

日用工夫比復何如文字雖不可廢然涵養本原而察於天理人欲之判此是
日用動靜之閒不可頃刻閒斷底事若於此處見得分明自然不到得流入世
俗功利權謀裏去矣熹亦近日方實見得向日支離之病雖與彼中證候不同
然忘己逐物貪外虛內之失則一而已程子說不得以天下萬物撓己己立後
自能了得天下萬物今自家一箇身心不知安頓去處而談王說伯將經世事
業別作一箇伎倆商量講究不亦誤乎相去遠不得面論書問終說不盡臨風
嘆息而已

答何叔京

前此僭易拜稟博觀之敝誠不自揆乃蒙見是何幸如此然觀來諭似有未能
遽舍之意何邪此理甚明何疑之有若使道可以多聞博觀而得則世之知道

者爲不少矣熹近日因事方有少省發處如鳶飛魚躍明道以爲與必有事焉勿正之意同者乃今曉然無疑日用之閒觀此流行之體初無閒斷處有下工夫處乃知日前自誑誑人之罪蓋不可勝贖也此與守書冊泥言語全無交涉幸於日用閒察之知此則知仁矣

答潘叔昌

示喻天上無不識字底神仙此論甚中一偏之弊然亦恐只學得識字卻不曾學得上天即不如且學上天耳上得天了卻旋學上天人亦不妨也中年以後氣血精神能有幾何不是記故事時節熹以目昏不敢著力讀書閒中靜坐收斂身心頗覺得力閒起看書聊復遮眼遇有會心處時一喟然耳

答潘叔度

熹衰病今歲幸不至劇但精力益衰目力全短看文字不得瞑目靜坐卻得收拾放心覺得日前外面走作不少頗恨盲廢之不早也看書鮮識之喻誠然然嚴霜大凍之中豈無些小風和日煖意思要是多者勝耳

與呂子約

孟子言學問之道惟在求其放心而程子亦言心要在腔子裏今一向耽着文字令此心全體都奔在冊子上更不知有己便是箇無知覺不識痛癢之人雖讀得書亦何益於吾事邪

與周叔謹

應之甚恨未得相見其爲學規模次第如何近來呂陸門人互相排斥此由各徇所見之偏而不能公天下之心以觀天下之理甚覺不滿人意應之蓋嘗學於兩家未知其於此看得果如何因話扣之因書諭及爲幸也熹近日亦覺向來說話有大支離處反身以求正坐自己用功亦未切耳因此減去文字工夫覺得閑中氣象甚適每勸學者亦且看孟子道性善求放心兩章著實體察收拾爲要其餘文字且大槩諷誦涵養未須大段著力考索也

答陸象山

熹衰病日侵去年災患亦不少比來病軀方似略可支吾然精神耗減日甚一

日恐終非能久於世者所幸邇來日用工夫頗覺有力無復向來支離之病甚恨未得從容面論未知異時相見尚復有異同否耳

答符復仲

聞向道之意甚勤向所喻義利之閒誠有難擇者但意所疑以爲近利者卽便舍去可也向後見得親切卻看舊事又有見未盡舍未盡者不解有過當也見陸丈回書其言明當且就此持守自見功效不須多疑多問卻轉迷惑也

答呂子約

日用工夫不敢以老病而自懈覺得此心操存舍亡只在反掌之閒向來誠是太涉支離蓋無本以自立則事事皆病耳又聞講授亦頗勤勞此恐或有未便今日正要清源正本以察事變之幾微豈可一向汨溺於故紙堆中使精神昏弊失後忘前而可以謂之學乎

與吳茂實

近來自覺向時工夫止是講論文義以爲積集義理久當自有得力處卻於日

用工夫全少檢點諸朋友往往亦只如此做工夫所以多不得力今方深省而痛懲之亦欲與諸同志勉焉幸老兄徧以告之也

答張敬夫

熹窮居如昨無足言者自遠去師友之益兀兀度日讀書反己固不無警省處終是旁無彊輔因循汨沒尋復失之近日一種向外走作心悅之而不能自已者皆準止酒例戒而絕之似覺省事此前輩所謂下士晚聞道聊以拙自修者若充擴不已補復非前庶其有日舊讀中庸慎獨大學誠意毋自欺處常苦求之太過措詞煩猥近日乃覺其非此正是最切近處最分明處乃舍之而談空於冥漠之閒其亦誤矣方竊以此意痛自檢勒懍然度日惟恐有怠而失之也至於文字之閒亦覺向來病痛不少蓋平日解經最爲守章句者然亦多是推衍文義自做一片文字非惟屋下架屋說得意味淡薄且是使人看者將註與經作兩項工夫做了下梢看得支離至於本旨全不相照以此方知漢儒可謂善說經者不過只說訓詁使人以此訓詁玩索經文訓詁經文不相離異只做

一道看了直是意味深長也

答呂伯恭

道閑與季通講論因悟向來涵養工夫全少而講說又多彊探必取尋流逐末之弊推類以求衆病非一而其源皆在此恍然自失似有頓進之功若保此不懈庶有望於將來然非如近日諸賢所謂頓悟之機也向來所聞誨諭諸說之未契者今日細思脗合無疑大抵前日之病皆是氣質躁妄之偏不曾涵養克治任意直前之弊耳

答周純仁

閑中無事固宜謹出然想亦不能一併讀得許多似此專人來往勞費亦是未能省事隨寓而安之病又如多服燥熱藥亦使人血氣偏勝不得和平不但非所以衞生亦非所以養心竊恐更須深自思省收拾身心漸令向裏令寧靜閑退之意勝而飛揚燥擾之氣消則治心養氣處世接物自然安穩一時長進無復前日內外之患矣

答竇文卿

爲學之要只在著實操存密切體認自己身心上理會切忌輕自表襮引惹外人辯論枉費酬應分卻向裏工夫

答呂子約

聞欲與二友俱來而復不果深以爲恨年來覺得日前爲學不得要領自做身主不起反爲文字奪卻精神不是小病每一念之惕然自懼且爲朋友憂之而每得子約書輒復恍然尤不知所以爲賢者謀也且如臨事遲回瞻前顧後只此亦可見得心術影子當時若得相聚一番彼此極論庶幾或有剖決之助今又失此幾會極令人悵恨也訓導後生若說得是當極有可自警省處不會減人氣力若只如此支離漫無統紀則雖不教後生亦只見得展轉迷惑無出頭處也

答林擇之

熹哀苦之餘無他外誘日用之閒痛自斂飭乃知敬字之功親切要妙乃如此

而前日不知於此用力徒以口耳浪費光陰人欲橫流天理幾滅今而思之怛然震悚蓋不知所以措其躬也

又

此中見有朋友數人講學其閒亦難得朴實頭負荷得者因思日前講論只是口說不曾實體於身故在己在人都不得力今方欲與朋友說日用之閒常切點檢氣習偏處意欲萌處與平日所講相似與不相似就此痛著工夫庶幾有益陸子壽兄弟近日議論卻肯向講學上理會其門人有相訪者氣象皆好但其閒亦有舊病此閒學者卻是與渠相反初謂只如此講學漸涵自能入德不謂末流之弊只成說話至於人倫日用最切近處亦都不得毫毛氣力此不可不深懲而痛警也

答梁文叔

近看孟子見人卽道性善稱堯舜此是第一義若於此看得透信得及直下便是聖賢便無一毫人欲之私做得病痛若信不及孟子又說箇第二節工夫又

只引成覸顏淵公明儀三段說話教人如此發憤勇猛向前日用之閒不得存
留一毫人欲之私在這裏此外更無別法若於此有箇奮迅興起處方有田地
可下功夫不然即是畫脂鏤冰無眞實得力處也近日見得如此自覺頗得力
與前日不同故此奉報

答潘叔恭

學問根本在日用閒持敬集義工夫直是要得念念省察讀書求義乃其閒之
一事耳舊來雖知此意然於緩急之閒終是不覺有倒置處誤人不少今方自
悔耳

答林充之

充之近讀何書恐更當於日用之閒爲人之本者深加省察而去其有害於此
者爲佳不然誦說雖精而不踐其實君子蓋深恥之此固充之平日所講聞也

答何叔景

李先生教人大抵令於靜中體認大本未發時氣象分明即處事應物自然中

節此乃龜山門下相傳指訣然當時親炙之時貪聽講論又方竊好章句訓詁之習不得盡心於此至今若存若亡無一的實見處辜負教育之意每一念此未嘗不愧汗沾衣也

又

熹近來尤覺昏憒無進步處蓋緣日前偷墮苟簡無深探力行之志凡所論說皆出入口耳之餘以故全不得力今方覺悟欲勇革舊習而血氣已衰心志亦不復彊不知終能有所濟否

又

向來妄論持敬之說亦不自記其云何但因其良心發見之微猛省提撕使心不昧則是做工夫底本領本領既立自然下學而上達矣若不察良心發見處卽渺渺茫茫恐無下手處也中閒一書論必有事焉之說卻儘有病殊不蒙辨詰何邪所喻多識前言往行固君子之所急熹向來所見亦是如此近因反求未得箇安穩處卻始知此未免支離如所謂因諸公以求程氏因程氏以求聖

人是隔幾重公案曷若默會諸心以立其本而其言之得失自不能逃吾之鑒邪欽夫之學所以超脫自在見得分明不爲言句所桎梏只爲合下入處親切今日說話雖未能絕無滲漏終是本領是當非吾輩所及但詳觀所論自可見矣

答林擇之

所論顏孟不同處極善極善正要見此曲折始無窒礙耳比來想亦只如此用功熹近只就此處見得向來未見底意思乃知存久自明何待窮索之語是真實不誑語今未能久已有此驗況真能久邪但當益加勉勵不敢少弛其勞耳

答楊子直

學者墮在語言心實無得固爲大病然於語言中罕見有究竟得徹頭徹尾者蓋資質已是不及古人而工夫又草草所以終身於此若存若亡未有卓然可恃之實近因病後不敢極力讀書閑中卻覺有進步處大抵孟子所論求其放心是要訣爾

與田侍郎子真

吾輩今日事事做不得只有向裏存心窮理外人無交涉然亦不免違條礙貫看來無着力處只有更攢近裏面安身立命爾不審比日何所用心因書及之深所欲聞也

答陳才卿

詳來示知日用工夫精進如此尤以爲喜若知此心此理端的在我則參前倚衡自有不容捨者亦不待求而得不待操而存矣格物致知亦是因其所已知者推之以及其所未知只是一本原無兩樣工夫也

與劉子澄

居官無修業之益若以俗學言之誠是如此若論聖門所謂德業者卻初不在日用之外只押文字便是進德修業地頭不必編綴異聞乃爲修業也近覺向來爲學實有向外浮泛之弊不惟自誤而誤人亦不少方別尋得一頭緒似差簡約端的始知文字言語之外真別有用心處恨未得面論也浙中後來事體

大段支離乖僻恐不止似正似邪而已極令人難說只得惶恐痛自警省恐未可專執舊說以爲取舍也

與林擇之

熹近覺向來乖繆處不可縷數方惕然思所以自新者而日用之閒悔吝潛積又已甚多朝夕惴懼不知所以爲計若擇之能一來輔此不逮幸甚然講學之功比舊卻覺稍有寸進以此知初學得些靜中功夫亦爲助不小

答呂子約

示喻日用工夫如此甚善然亦且要見一大頭腦分明便於操舍之閒有用力處如實有一物把住放行在自家手裏不是謾說求其放心實卻茫茫無把捉處也

子約復書云某蓋嘗深體之此箇大頭腦本非外面物事是我元初本有底其曰人生而靜其曰喜怒哀樂之未發其曰寂然不動人汩汩地過了日月不曾存息不曾實見此體段如何會有用力處程子謂這箇義理仁者又看做仁了

智者又看做智了百姓日用而不知此所以君子之道鮮此箇亦不少亦不剩只是人看他不見不大段信得此話及其言於勿忘勿助長閑認取者認乎此也認得此則一動一靜皆不昧矣惻隱羞惡辭讓是非四端之著也操存久則發見多忿懥憂患好樂恐懼不得其正也放舍甚則日滋長記得南軒先生謂驗厥操舍乃知出入乃是見得主腦於操舍閑有用力處之實話蓋苟知主腦不放下雖是未能常常操存然語默應酬閑歷歷能自省驗雖其實有一物在我手裏然可欲者是我底物不可放失不可欲者非是我物不可留藏雖謂之實有一物在我手裏亦可也若是謾說既無歸宿亦無依據縱使彊把捉得住亦止是襲取夫豈是我元有底邪愚見如此敢望指教朱子荅書云此段大槩甚正當親切

答吳德夫

承喻仁字之說足見用力之深熹意不欲如此坐談但直以孔子程子所示求仁之方擇其一二切於吾身者篤志而力行之於動靜語默閑勿令間斷則久

久自當知味矣去人欲存天理且據所見去之存之工夫既深則所謂似天理而實人欲者次第可見今大體未正而便察及細微恐有放飯流歠而問無齒決之譏也如何如何

答或人

中和二字皆道之體用舊聞李先生論此最詳後來所見不同遂不復致思今乃知其爲人深切然恨已不能盡記其曲折矣如云人固有無所喜怒哀樂之時然謂之未發則不可言無主也又如先言愼獨然後及中和此亦嘗言之但當時既不領略後來又不深思遂成蹉過孤負此翁耳

答劉子澄

日前爲學緩於反己追思凡百多可悔者所論註文字亦坐此病多無着實處回首茫然計非歲月工夫所能救治以此愈不自快前時猶得敬夫伯恭時惠規益得以自警省二友云亡耳中絕不聞此等語今乃深有望於吾子澄自此惠書痛加鐫誨乃君子愛人之意也

朱子之後如眞西山許魯齋吳草廬亦皆有見於此而草廬見之尤眞悔

之尤切今不能備錄取草廬一說附於後

臨川吳氏曰天之所以生人人之所以爲人以此德性也然自聖傳不嗣士學靡宗漢唐千餘年閒董韓二子依稀數語近之而原本竟昧昧也逮夫周程張邵興始能上通孟氏而爲一程氏四傳而至朱文義之精密又孟氏以來所未有者其學徒往往滯於此而溺其心夫既以世儒記誦詞章爲俗學矣而其爲學亦未離乎言語文字之末此則嘉定以後朱門末學之敝而未有能救之者也夫所貴乎聖人之學以能全天之所以與我者爾天之與我德性是也是爲仁義禮智之根株是爲形質血氣之主宰舍此而他求所學何學哉假而行如司馬文正公才如諸葛忠武侯亦不免爲習不著行不察亦不過爲資器之超於人而謂有得於聖學則未也況止於訓詁之精講說之密如北溪之陳雙峯之饒則與彼記誦詞章之俗學相去何能以寸哉聖學大明於宋代而踵其後者如此可嘆已澄也鑽研於文義毫分縷析每以陳爲未精饒爲未密也墮此

科曰中垂四十年而始覺其非自今以往一日之内子而亥一月之内朔而晦一歲之内春而冬常見吾德性之昭昭如天之運轉如日月之往來不使有須臾之閒斷則於尊之之道殆庶幾乎於此有未能則問於人學於己而必欲其至若其用力之方非言之可喻亦味於中庸首章訂頑終篇而自悟可也

朱子晚年定論我

陽明先生在留都時所採集者也揭陽薛君尚謙舊錄一本同志見之至有不及抄寫袖之而去者衆皆憚於翻錄乃謀而壽諸梓謂子以齒當志一言惟朱子一生勤苦以惠來學凡一言一字皆所當守而獨表章是尊崇乎此者蓋以爲朱子之定見也今學者不求諸此而猶踵其所悔是蹈舛也豈善學朱子者哉麟無似從事於朱子之訓餘三十年非不專且篤而竟亦未有居安資深之地則猶以爲知之未詳而覽之未博也戊寅夏持所著論若干卷來見先生聞其言如日中天睹之即見如五穀之藝地種之即生不假外求而真切簡易恍然有悟退求其故而不合則又不免遲疑於其閒及讀是

編始釋然盡投其所業假館而受學蓋三月而若將有聞焉然後知嚮之所學乃朱子中年未定之論是故三十年而無獲今賴天之靈始克從事於其所謂定見者故能三月而若將有聞也非吾先生幾乎已矣敢以告夫同志使無若麟之晚而後悔也若夫直求本原於言語之外真有以驗其必然而無疑者則存乎其人之自力是編特爲之指迷耳

正德戊寅六月望門人雩都袁慶麟謹識

王文成公全書卷之三

王文成公全書卷之四

文錄一　書

書一 始正德己巳至庚辰

與辰中諸生　己巳

謫居兩年無可與語者歸途乃得諸友何幸何幸方以爲喜又遽爾別去極怏怏也絕學之餘求道者少一齊衆楚最易搖奪自非豪傑鮮有卓然不變者諸友宜相砥礪夾持務期有成近世士夫亦有稍知求道者皆因實德未成而先揭標榜以來世俗之謗是以往往隳墮無立反爲斯道之梗諸友宜以是爲鑒刊落聲華務於切己處著實用力前在寺中所云靜坐事非欲坐禪入定蓋因吾輩平日爲事物紛拏未知爲己欲以此補小學收放心一段工夫耳明道云纔學便須知有著力處既學便須知有得力處諸友宜於此處著力方有進步異時始有得力處也學要鞭辟近裏著己君子之道闇然而日章爲名與爲利雖清濁不同然其利心則一謙受益不求異於人而求同於理此數語宜書之

壁間常目在之舉業不患妨功惟患奪志只如前日所約循循爲之亦自兩無相礙所謂知得灑掃應對便是精義入神也

答徐成之　辛未

汝華相見於逆旅聞成之啓居甚悉然無因一面徒增悒怏吾鄉學者幾人求其篤信好學如吾成之者誰歟求其喜聞過忠告善道如吾成之者誰歟過而莫吾告也學而莫吾與也非吾成之之思而誰思歟嗟吾成之幸自愛重自人之失其所好仁之難成也久矣向吾成之在鄉黨中刻厲自立衆皆非笑以爲迂腐成之不爲少變僕時雖稍知愛敬不從衆非笑然尚未知成之之難得如此也今知成之之難得則又不獲朝夕相與豈非大可憾歟修己治人本無二道政事雖劇亦皆學問之地諒吾成之隨在有得然何從一聞至論以洗凡近之見乎愛莫爲助近爲成之思進學之功微覺過苦先儒所謂志道懇切固是誠意然急迫求之則反爲私己不可不察也日用間何莫非天理流行但此心常存而不放則義理自熟孟子所謂勿忘勿助深造自得者矣學問之功何可

緩但恐著意把持振作縱復有得居之恐不能安耳成之之學想亦正不如此以僕所見微覺其有近似者是以不敢不盡亦以成之平日之樂聞且欲以是求教也

答黃宗賢應原忠　辛未

昨晚言似太多然遇二君亦不得不多耳其間以造詣未熟言之未瑩則有之然卻自是吾儕一段的實工夫思之未合請勿輕放過當有豁然處也聖人之心纖翳自無所容自不消磨刮若常人之心如斑垢駁雜之鏡須痛加刮磨一番盡去其駁蝕然後纖塵卽見纔拂便去亦自不消費力到此已是識得仁體矣若駁雜未去其間固自有一點明處塵埃之落固亦見得亦纔拂便去至於堆積於駁蝕之上終弗之能見也此學利困勉之所由異幸弗以爲煩難而疑之也凡人情好易而惡難其間亦自有私意氣習纏蔽在識破後自然不見其難矣古之人至有出萬死而樂爲之者亦見得耳向時未見得向裏面意思此工夫自無可講處今已見此一層卻恐好易惡難便流入禪釋去也昨論儒釋

之異明道所謂敬以直內則有之義以方外則未畢竟連敬以直內亦不是者已說到八九分矣

答汪石潭內翰 辛未

承批教連日瘡甚不能書未暇請益來教云昨日所論乃是一大疑難又云此事關係頗大不敢不言僕意亦以爲然是以不能遽已夫喜怒哀樂情也既曰不可謂未發矣喜怒哀樂之未發則是指其本體而言性也斯言自子思非程子而始有執事既不以爲然則當自子思中庸始矣喜怒哀樂之與思與知覺皆心之所發心統性情性心體也情心用也程子云心一也有指體而言者寂然不動是也有指用而言者感而遂通是也斯言既無以加矣執事姑求之體用之說夫體用一源也知體之所以爲用則知用之所以爲體者矣雖然體微而難知也用顯而易見也執事之云不亦宜乎夫謂自朝至暮未嘗有寂然不動之時者是見其用而不得其所謂體也君子之於學也因用以求其體凡程子所謂既思即是已發既有知覺即是動者皆爲求中於喜怒哀樂未發之時

者言也非謂其無未發者也朱子於未發之說其始亦嘗疑之今其集中所與南軒論難辯析者蓋往復數十而後決其說則今之中庸註疏是也其於此亦非苟矣獨其所謂自戒懼而約之以至於至靜之中自謹獨而精之以至於應物之處者亦若過於剖析而後之讀者遂以分爲兩節而疑其別有寂然不動靜而存養之時不知常存戒愼恐懼之心則其工夫未始有一息之閒非必自其不睹不聞而存養也吾兄且於動處加工勿使閒斷動無不和卽靜無不中而所謂寂然不動之體當自知之矣未至而揣度之終不免於對答說相輪耳然朱子但有知覺者在而未有知覺之說則亦未瑩吾兄疑之蓋亦有見但其所以疑之者則有因噎廢食之過不可以不審也君子之論苟有以異於古姑毋以爲決然宜且循其說而究之極其說而果有不達也然後從而斷之是以其辯之也明而析之也當蓋在我者有以得其情也今學如吾兄聰明超特如吾兄深潛縝密如吾兄而猶有未悉如此何邪吾兄之心非若世之立異自高者要在求其是而已故敢言之無諱有所未盡不惜教論不有益於兄必有益

於我也

寄諸用明　辛未

得書足知邇來學力之長甚喜君子惟患學業之不修科第遲速所不論也況吾平日所望於賢弟固有大於此者不識亦嘗有意於此否耶便中時報知之階陽諸姪聞去歲皆出投試非不喜其年少有志然私心切不以爲然不幸遂志於得志豈不誤却此生耶凡後生美質須令晦養厚積天道不翕聚則不能發散況人乎花之千葉者無實爲其華美太發露耳諸賢姪不以吾言爲迂便當有進步處矣書來勸吾仕吾亦非潔身者所以汲汲於是非獨以時當斂晦亦以吾學未成歲月不待再過數年精神益弊雖欲勉進而有所不能則將終於無成皆吾所以勢有不容已也但老祖而下意皆不悅今亦豈能決然行之徒付之浩歎而已

答王虎谷　辛未

承示別後看得一性字親切孟子云盡其心者知其性也知其性則知天矣此

吾道之幸也喜慰何可言宏毅之說極是但云卽不可以棄去又不可以減輕既不可以住歇又不可以不至則是猶有不得已之意也不得已之意與自有不能已者尚隔一層程子云知之而至則循理爲樂不循理爲不樂自有不能已者循理爲樂者也非真能知性者未易及此知性則知仁矣仁人心也心體本自宏毅不宏者蔽之也不毅者累之也故燭理明則私欲自不能蔽累私欲不能蔽累則自無不宏毅矣宏非有所擴而大之也毅非有所作而強之也蓋本分之內不加毫末焉曾子宏毅之說爲學者言故曰不可以不宏毅此曾子窮理之本真見仁體而後有是言學者徒知不可不宏毅不知窮理而惟擴而大之以爲宏作而強之以爲毅是亦出於一時意氣之私其去仁道尚遠也此實公私義利之辯因執事之誨而并以請正

與黃宗賢 辛未

所喻皆近思切問足知爲功之密也甚慰夫加諸我者我所不欲也無加諸人我所欲也出乎其心之所欲皆自然而然非有所強勿施於人則勉而後能此

仁恕之別也然恕求仁之方正吾儕之所有事也子路之勇而夫子未許其仁者好勇而無所取裁所勇未必皆出天理之公也事君而不避其難仁者不過如是然而不知食輒之祿爲非義則勇非其所宜勇不得爲仁矣然勇爲仁之資正吾儕之所尚欠也鄙見如此明者以爲何如未盡望便示

二　壬申

使至知近來有如許忙想亦因是大有得力處也僕到家即欲與曰仁成雁蕩之約宗族親友相牽絆時刻弗能自由五月終決意往值烈暑阻者益衆且堅復不果時與曰仁稍尋傍近諸小山其東南林壑最勝絕處與數友相期候宗賢一至即往又月餘曰仁憑限過甚乃翁督促勢不可復待乃從上虞入四明觀白水尋龍溪之源登杖錫至於雪竇上千丈巖以望天姥華頂若可睹焉欲遂從奉化取道至赤城適彼中多旱山田盡龜裂道傍人家徬徨望雨意慘然不樂遂自寧波買舟還餘姚往返亦半月餘相從諸友亦微有所得然無大發明其最所歉然宗賢不同茲行耳歸又半月曰仁行去使來時已十餘日思往

時在京每恨不得還故山往返當益易乃今益難自後精神意氣當日不逮前不知回視今日又何如也念之可歎可懼留居之說竟成虛約親友以曰仁既往催促日至滁陽之行難更遲遲亦不能出是月聞彼中山水頗佳勝事亦閑散宗賢有惜陰之念明春之期亦旣後矣此閒同往者後輩中亦三四人習氣已深雖有美質亦消化漸盡此事正如淘沙會有見金時但目下未可必得耳

三　癸酉

滁陽之行相從者亦二三子兼復山水清遠勝事閑曠誠有足樂者故人不忘久要果能乘興一來耶得應元忠書誠如其言亦大可喜牽制文義自宋儒已然不獨今時學者遂求脫然洗滌恐亦甚難但得漸能疑辯當亦終有覺悟矣自歸越後時時默念年來交遊益覺人才難得如元忠者豈易得哉京師諸友邇來略無消息每因己私難克輒爲諸友憂慮一番誠得相聚一堂早晚當有多少砥礪切磋之益然此在各人非可願望得

四　癸酉

春初姜翁自天台來得書聞山間況味懸企之極且承結亭相待旣感深誼復媿其未有以副也甘泉丁乃堂夫人憂近有書來索銘不久且還增城道途邈絶草亭虛席相聚尚未有日僕雖相去伊邇而家累所牽遲遲未決所舉遂成北山之移文矣應元忠久不得音問想數會聚聞亦北上果然否此間往來極多友道則實寥落敦夫雖住近不甚講學純甫近改北驗封且行曰仁又公差未還宗賢之思靡日不切又得草堂報益使人神魂飛越若不能一日留此也如何如何去冬解冊更到承欲與原忠來訪此誠千里命駕矣喜慰之極日切瞻望然又自度鄙劣不足以承此曰仁入夏當道越中來此其時得與共載何樂如之

五　癸酉

書來及純甫事懇懇不一而足足知朋友忠愛之至世衰俗降友朋中雖平日最所愛敬者亦多改頭換面持兩端之說以希俗取容意思殊爲衰颯可憫若吾兄真可謂信道之篤而執德之宏矣何幸何幸僕在留都與純甫住密邇或

一月一見或閱月不一見輒有所規切皆發於誠愛懇惻中心未嘗懷纖毫較計純甫或有所疎外此心直可質諸鬼神其後純甫轉官北上始覺其有恝然者尋亦痛自悔責以為吾人相與豈宜有如此芥蒂却是墮入世間較計坑陷中亦成何等胸次當下冰消霧釋矣其後人言屢屢而至至有為我憤辭厲色者僕皆惟以前意處之實是未忍一日而忘純甫蓋平日相愛之極情之所鍾自如此也旬月閱復有相知自北京來備傳純甫所論僕竊疑有浮薄之徒幸吾黨間隙鼓弄交構增飾其閱未必盡出於純甫之口僕非矯為此說實是故人情厚不忍以此相疑耳僕平日之厚純甫本非私厚縱純甫今日薄我當亦非私薄然則僕未嘗厚純甫純甫未嘗薄僕也亦何所容心於其間哉往往見世俗朋友易生嫌隙以為彼蓋苟合於外而非有性分之契是以如此私竊歎憫自謂吾黨數人縱使散處敵國仇家當亦斷不至是不謂今日亦有此等議論此亦惟宜自反自責而已孟子云愛人不親反其仁行有不得者皆反求諸己自非履涉親切應未識斯言味永而意懇也僕近時與朋友論學惟說立誠

二字殺人須就咽喉上著刀吾人爲學當從心髓入微處用力自然篤實光輝
雖私欲之萌真是洪爐點雪天下之大本立矣若就標末粧綴比擬凡平日所
謂學問思辯者適足以爲長傲遂非之資自以爲進於高明光大而不知陷於
狠戾險嫉亦誠可哀也已以近事觀之益見得吾儕往時所論自是向裏此蓋
聖學的傳惜乎淪落堙埋已久往時見得猶自恍惚僕近來無所進只於此處
看較分曉直是痛快無復可疑但與吾兄別久無告語處耳原忠數聚論否近
嘗得渠一書所見迥然與舊不同殊慰殊慰今亦寄一簡不能詳細見時望幷
出此歸計尚未遂旬月後且圖再舉會期未定臨楮耿耿

六　丙子

宅老數承遠來重以嘉貺相念之厚愧何以堪令兄又辱書惠禮恭而意篤意
家庭旦夕之論必於此學有相發明者是以波及於僕喜幸之餘愧何以堪別
後工夫無因一扣如書中所云大略知之用力習熟然後居山之說昔人嘗有
此然亦須得其源吾輩通患正如池面浮萍隨開隨蔽未論江海但在活水浮

渟即不能蔽何者活水有源池水無源有源者由己無源者從物故凡不息者有源作輟者皆無源故耳

七 戊寅

得書見相念之厚所引一詩尤懇惻至情讀之旣感且愧幾欲涕下人生動多牽滯反不若他流外道之脫然也奈何奈何近收甘泉書頗同此憾士風日偷素所目爲善類者亦皆雷同附和以學爲諱吾人尙棲棲未卽逃避眞處堂之燕雀耳原忠聞且北上恐亦非其本心仕途如爛泥坑勿入其中鮮易復出吾人便是失脚樣子不可不鑒也承欲枉顧幸甚幸甚好事多阻恐亦未易如願努力圖之籠中病翼或能附冥鴻之末而歸未可知也

與王純甫 壬申

別後有人自武城來云純甫始到家尊翁頗不喜歸計尙多牴牾始聞而惋然已而復大喜久之又有人自南都來者云純甫已蒞任上下多不相能始聞而惋然已而復大喜吾之惋然者世俗之私情所爲大喜者純甫當自知之吾安

能小不忍於純甫不使動心忍性以大其所就乎譬之金之在冶經烈焰受鉗
錘當此之時爲金者甚苦然自他人視之方喜金之益精煉而惟恐火力錘煅
之不至既其出冶金亦自喜其挫折煅煉之有成矣某平日亦每有傲視行輩
輕忽世故之心後雖稍知懲創亦惟支持抵塞於外而已及謫貴州三年百難
備嘗然後能有所見始信孟氏生於憂患之言非欺我也嘗以爲君子素其位
而行不願乎其外素富貴行乎富貴素貧賤行乎貧賤素患難行乎患難故無
入而不自得後之君子亦當素其位而學不願乎其外素富貴學處乎富貴素
貧賤患難學處乎貧賤患難則亦可以無入而不自得向嘗爲純甫言之純甫
深以爲然不審邇來用力卻如何耳近日相與講學者宗賢之外亦復數人每
相聚輒歎純甫之高明今復遭時磨勵若此其進益不可量純甫勉之汪景顏
近亦出宰大名臨行請益某告以變化氣質居常無所見惟當利害經變故遭
屈辱平時憤怒者到此能不憤怒憂惶失措者到此能不憂惶失措始是能有
得力處亦便是用力處天下事雖萬變吾所以應之不出乎喜怒哀樂四者此

爲學之要而爲政亦在其中矣景顏聞之躍然如有所得也甘泉近有書來已卜居蕭山之湘湖去陽明洞方數十里耳書屋亦將落成聞之喜極誠得良友相聚會共進此道人間更復有何樂區區在外之榮辱得喪又足掛之齒牙間哉

二　癸酉

純甫所問辭則謙下而語意之間實自以爲是矣夫既自以爲是則非求益之心矣吾初不欲答恐答之亦無所入也故前書因發其端以俟明春渡江而悉既而思之人生聚散無常純甫之自是蓋其心尚有所惑而然亦非自知其非而又故爲自是以要我者吾何可以遂已故復備舉其說以告純甫來書云學以明善誠身固也但不知何者謂之善原從何處得來今在何處其明之之功當何如入頭當何如與誠身有先後次第否誠是誠箇甚的此等處細微曲折盡欲扣求啓發而因獻所疑以自附於助我者反覆此語則純甫近來得力處在此其受病處亦在此矣純甫平日徒知存心之說而未嘗實加克治之功故未能動靜合一而遇事輒有紛擾之患今乃能推究若此必以漸悟往日之墮

空虛矣故曰純甫近來用功得力處在此然已失之支離外馳而不覺矣夫心主於身性具於心善原於性孟子之言性善是也善卽吾之性無形體可指無方所可定夫豈自爲一物可從何處得來者乎故曰受病處亦在此純甫之意蓋未察夫聖門之實學而尙狃於後世之訓詁以爲事事物物各有至善必須從事事物物求箇至善而後謂之明善故有原從何處得來今在何處之語純甫之心殆亦疑我之或墮於空虛也故假是說以發我之蔽吾亦非不知感純甫此意其實不然也夫在物爲理處物爲義在性爲善因所指而異其名實皆吾之心也心外無物心外無事心外無理心外無義心外無善吾心之處事物純乎理而無人僞之雜謂之善非在事物有定所之可求也處物爲義是吾心之得其宜也義非在外可襲而取也格者格此也致者致此也必曰事事物物上求箇至善是離而二之也伊川所云纔用彼卽曉此是猶謂之二性無彼此理無彼此善無彼此也純甫所謂明之之功當何如入頭處當何如與誠身有先後次第否誠是誠箇甚的且純甫之意必以明善自有明善之功誠身又有

誠身之功也若區區之意則以明善爲誠身之功也夫誠者無妄之謂誠身之誠則欲其無妄之謂誠之之功則明善是也故博學者學此也審問者問此也愼思者思此也明辯者辯此也篤行者行此也皆所以明善而爲誠之之功也故誠身有道明善者誠身之道也不明乎善不誠乎身矣非明善之外別有所謂誠身之功也誠身之始身猶未誠也故謂之明善明善之極則身誠矣若謂自有明善之功又有誠身之功是離而二之也難乎免於毫釐千里之謬矣其間欲爲純甫言者尚多紙筆未能詳悉尚有未合不妨往復

三　甲戌

得曰仁書知純甫近來用工甚力可喜可喜學以明善誠身只兀兀守此昏昧雜擾之心却是坐禪入定非所謂必有事焉者矣聖門寧有是哉但其毫釐之差千里之謬非實地用功則亦未易辯別後世之學瑣屑支離正所謂採摘汲引其間亦寧無小補然終非積本求原之學句句是字字合然而終不可入堯舜之道也

四　甲戌

屢得汪叔憲書又兩得純甫書備悉相念之厚感愧多矣近又見與曰仁書貶損益至三復赧然夫趨向同而論學或異不害其爲同也論學同而趨向或異不害其爲異也不能積誠反躬而徒騰口說此僕往年之罪純甫何尤乎因便布此區區臨楮傾念無已

寄希淵　壬申

所遇如此希淵歸計良是但稍傷急迫若再遲二三月託疾而行彼此形迹泯然既不激怒於人亦不失己之介矣聖賢處末世待人應物有時而委曲其道未嘗不直也若己爲君子而使人爲小人亦非仁人忠恕惻怛之心希淵必以區區此說爲大周旋然道理實如此也區區叨厚祿有地方之責欲脫身潛逃固難若希淵所處自宜進退綽然今亦牽制若此乃知古人掛冠解綬其時亦不易值也

二　壬申

向得林蘇州書知希顏在蘇州其時守忠在山陰矣近張山陰來知希顏已還山陰矣而守忠又有金華之出往歲希顏居鄉而守忠客祁今茲復爾二友之每每相違豈亦有數存焉邪爲仁由己固非他人所能與而相觀砥礪之益則友誠不可一日無者外是子雍明德輩相去數十里決不能朝夕繼見希顏無亦有獨立無與之歎歟曩評半圭誠然誠然方今山林枯槁之士要亦未可多得去之奔走聲利之場者則遠矣人品不齊聖賢亦因材成就孔門之教言人人殊後世儒者始有歸一之論然而成德達材者鮮又何居乎希顏試於此思之定以爲何如也

三 癸酉

希顏𤗈然在疚道遠無因一慰聞友朋中多言希顏孝心純篤哀傷過節其素知希顏者宜爲終身之慕毋徒毀傷爲也守忠來承手札喻及出處此見希顏愛我之深他人無此也然此義亦惟希顏有之他人無此也牽於世故未能卽日引決爲愧爲怍然亦終須如希顏所示耳患難憂苦莫非實學今雖倚廬意

思亦須有進向見季明德書觀其意向甚正但未及與之細講耳學問之道無他求其放心而已蓋一言而足至其功夫節目則愈講而愈無窮者孔子猶曰學之不講是吾憂也今世無志於學者無足言幸有一二篤志之士又爲無師友之講明認氣作理冥悍自信終身勤苦而卒無所得斯誠可哀矣讀禮之餘與明德相論否幸以其所造者示知某無大知識亦非好爲人言者顧今之時人心陷溺已久得一善人惟恐其無成期與諸君共明此學固不以自任爲嫌而避之譬之婚姻聊爲諸君之媒妁而已鄉里後進中有可言者卽與接引此本分內事勿謂不暇也樓居已完否餬口之出非得已然其間亦有說聞朋友中多欲希顏高尚不出就中亦須權其輕重使親老饘粥稍可繼則不必言高尚自不宜出不然卻恐正其私心不可不察也

四　己卯

正月初二得家信祖母於去冬十月背棄痛割之極縻於職守無由歸遁今復懇疏若終不可得將遂爲徑往之圖矣近得鄭子沖書聞與當事者頗相牴牾

希淵德性謙厚和平其於世間榮辱炎涼之故視之何異飄風浮靄豈得尚有芥蔕於其中耶卽而詢之果然出於意料之外非賢者之所自取也雖然有人於此其待我以橫逆則君子必自反曰我必無禮自反而有禮又自反曰我必不忠希淵克己之功日精日切其肯遂自以爲忠乎往年區區謫官貴州橫逆之加無月無有迄今思之最是動心忍性砥礪切磋之地當時亦止搪塞排遣竟成空過甚可惜也聞教下士甚有興起者莆故文獻之區其士人素多根器今得希淵爲之師真如時雨化之而已吾道幸甚近有責委不得已不久且入閩苟求了事或能乘便至莆一間語不盡不盡

與戴子良 癸酉

汝成相見於滁知吾兄之質溫然純粹者也今玆乃得其爲志蓋將從事於聖人之學不安於善人而已也何幸何幸有志者事竟成吾兄勉之學之不明已非一日皆由有志者少好德民之秉彝可謂盡無其人乎然不能勝其私欲竟淪陷於習俗則亦無志而已故朋友之閒有志者甚可喜然志之難立而易墜

也則亦深可懼也吾兄以爲何如宗賢已南還相見且未有日京師友朋如貴同年陳佑卿顧惟賢其他如汪汝成梁仲用王舜卿蘇天秀皆嘗相見從事於此者其餘尚三四人吾見與諸友當自識之自古有志之士未有不求助於師友匆匆別來所欲爲吾兄言者百未及一沿途歆歎雅意誠切怏怏相會未卜惟勇往直前以遂成此志是望

與胡伯忠 癸酉

某往在京雖極歆慕彼此以事未及從容一敘別去以爲憾期異時相遇決當盡意劇談一番耳昨未出京師即已預期彭城之會謂所未決於心在茲行矣及相見又復匆匆而別別又復以爲恨不知執事之心亦何如也君子與小人居決無苟同之理不幸勢窮理極而爲彼所中傷則安之而已處之未盡於道或過於疾惡或傷於憤激無益於事而致彼之怨恨讎毒則皆君子之過也昔人有言事之無害於義者從俗可也君子豈輕於從俗獨不以異俗爲心耳與惡人居如以朝衣朝冠坐於塗炭者伯夷之清也雖袒裼裸裎於我側彼焉能

浼我哉柳下惠之和也君子以變化氣質爲學則惠之和似亦執事之所宜從者不以三公易其介彼固未嘗無伯夷之清也德輶如毛民鮮克舉之我儀圖之惟仲山甫舉之愛莫助之僕於執事之謂矣正人難得正學難明流俗難變直道難容臨筆惘然如有所失言不盡意惟心亮

與黃誠甫 癸酉

立志之說已近煩瀆然爲知己言竟亦不能舍是也志於道德者功名不足以累其心志於功名者富貴不足以累其心但近世所謂道德功名而已所謂功名富貴而已仁人者正其誼不謀其利明其道不計其功一有謀計之心則雖正誼明道亦功利耳諸友既索居曰仁又將遠別會中須時相警發庶不就弛靡誠甫之足自當一日千里任重道遠吾非誠甫誰望邪臨別數語彼此闇然終能不忘乃爲深愛

二 丁丑

區區正月十八日始抵贛卽兵事紛紛二月往征漳寇四月班師中間曾無一

日之暇故音問缺然然雖擾擾中意念所在未嘗不在諸友也養病之舉恐已
難停此亦順親之心未爲不是不得以此日縈於懷無益於事徒使爲善之念
不專何處非道何處非學豈必山林中耶希顏尚謙清伯登第聞之喜而不寐
近嘗寄書云非爲今日諸君喜爲陽明山中異日得良伴喜也吾於誠甫之未
歸亦然

答天宇書　甲戌

書來見平日爲學用功之概深用喜慰今之時能稍有志聖賢之學已不可多
見況又果能實用其力者是豈易得哉辱推擬過當誠有所不敢居然求善自
輔則鄙心實亦未嘗不切切也今乃又得吾天宇其爲喜幸可勝言哉厚意之
及良不敢虛然又自歎愛莫爲助聊就來諭商確一二天宇自謂有志而不能
篤不知所謂志者果何如其不能篤者又誰也謂聖賢之學能靜可以制動不
知若何而能靜靜與動有二心乎謂臨政行事之際把捉摸擬強之使歸於道
固亦卒有所未能然造次顛沛必於是者不知如何其爲功謂開卷有得接賢

人君子便自觸發不知所觸發者何物又賴二事而後觸發則二事之外所作何務當是之時所謂志者果何在也凡此數語非天宇實用其力不能有然亦足以見講學之未明故尚有此耳或思之有得不厭寄示

二 甲戌

承書惠感感中間問學之意懇切有加於舊足知進於斯道也喜幸何如但其間猶有未盡區區之意者既承不鄙何敢不竭然望詳察庶於斯道有所發明耳

來書云誠身以格物乍讀不能無疑既而細詢之希顏始悉其說區區未嘗有誠身格物之說豈出於希顏邪鄙意但謂君子之學以誠意爲主格物致知者誠意之功也猶饑者以求飽爲事飲食者求飽之事也希顏頗悉鄙意不應有此或恐一時言之未瑩耳幸更細講之

又云大學一書古人爲學次第朱先生謂窮理之極而後意誠其與所謂居敬窮理非存心無以致知者固相爲矛盾矣蓋居敬存心之說補於傳文而

聖經所指直謂其窮理而後心正初學之士執經而不考傳其流之弊安得
不至於支離邪
大學次第但言物格而后知至知至而后意誠若窮理之極而後意誠此則朱
先生之說如此其間亦自無大相矛盾但於大學本旨卻恐未盡合耳非存心
無以致知此語不獨於大學未盡就於中庸尊德性而道問學之旨亦或有未
盡然此等處言之甚長非面悉不可後之學者附會於補傳而不深考於經旨
牽制於文義而不體認於身心是以往往失之支離而卒無所得恐非執經而
不考傳之過也
又云不由窮理而遽加誠身之功恐誠非所誠適足以爲僞而已矣
此言甚善但不知誠身之功又何如作用耳幸體認之
又言譬之行道者如大都爲所歸宿之地猶所謂至善也行道者不辭險阻
艱難決意向前猶存心也如使斯人不識大都所在而泛焉欲往其不南走
越而北走胡幾希矣

此譬大略皆是但以不辭險阻艱難決意向前別爲存心未免牽合之苦而不得其要耳夫不辭險阻艱難決意向前此正是誠意之意審如是則其所以問道途具資斧戒舟車皆有不容已者不然又安在其爲決意向前而亦安所前乎夫不識大都所在而泛焉欲往則亦欲往而已未嘗真往也惟其欲往而未嘗真往是以道途之不問資斧之不具舟車之不戒若決意向前則真往矣真往者能如是乎此最工夫切要者以天宇之高明篤實而反求之自當不言而喻矣

又云格物之說昔人以扞去外物爲言矣扞去外物則此心存矣心存則所以致知者皆是爲己

如此說卻是扞去外物爲一事致知又爲一事扞去外物之說亦未爲甚害然止捍禦於其外則亦未有拔去病根之意非所謂克己求仁之功矣區區格物之說亦不如此大學之所謂誠意卽中庸之所謂誠身也大學之所謂格物致知卽中庸之所謂明善也博學審問慎思明辯篤行皆所謂明善而爲誠身之

功也非明善之外別有所謂誠身之功也格物致知之外又豈別有所謂誠意之功乎書之所謂精一語之所謂博文約禮中庸之所謂尊德性而道問學皆若此而已是乃學問用功之要所謂毫釐之差千里之謬者也心之精微口莫能述亦豈筆端所能盡已喜榮擢北上有期矣倘能迂道江濱謀一夕之話庶幾能有所發明冗遽中不悉

寄李道夫　乙亥

此學不講久矣鄙人之見自謂於此頗有發明而聞者往往詆以為異獨執事傾心相信確然不疑其為喜慰何啻空谷之足音別後時聞士夫傳說近又徐曰仁自西江還益得備聞執事任道之勇執德之堅令人起躍奮迅士不可以不宏毅任重而道遠誠得宏毅如執事者二三人自足以為天下倡彼依阿儷之徒雖多亦奚以為哉幸甚幸甚比聞列郡之始卽欲以此學為教仁者之心自然若此僕誠甚為執事喜然又甚為執事憂也學絕道喪俗之陷溺如人在大海波濤中且須援之登岸然後可授之衣而與之食若以衣食投之波濤

中是適重其溺彼將不以爲德而反以爲尤矣故凡居今之時且須隨機導引因事啓沃寬心平氣以薰陶之俟其感發興起而後開之以其說是故爲力易而收效溥不然將有扞格不勝之患而且爲君子愛人之累不知尊意以爲何如耶病疏已再上尙未得報果遂此圖舟過嘉禾面話有日

與陸元靜　丙子

書來知貴恙已平復甚喜書中勤勤問學惟恐失墜足知進修之志不怠又甚喜異時發揮斯道使來者有所興起非吾子誰望乎所問大學中庸註向嘗略具草稿自以所養未純未免務外欲速之病尋已焚毀近雖覺稍進意亦未敢便以爲至姑俟異日山中與諸賢商量共成之故皆未有書其意旨大略則固平日已爲淸伯言之矣因是益加體認硏究當自有見汲汲求此恐猶未免舊日之病也博學之說向已詳論今猶牽制若此何耶此亦恐是志不堅定爲世習所撓之故使在我果無功利之心雖錢穀兵甲搬柴運水何往而非實學何事而非天理況子史詩文之類乎使在我尙存功利之心則雖日談道德仁義

亦只是功利之事況子史詩文之類乎一切屏絕之說是猶泥於舊習平日用功未有得力處故云爾請一洗俗見還復初志更思平日飲食養身之喻種樹栽培灌漑之喻自當釋然融解矣物有本末事有終始知所先後則近道矣吾子之言是猶未是終始本末之一致也是不循本末終始天然之序而欲以私意速成之也

二　戊寅

尚謙至聞元靜志堅信篤喜慰莫踰人在仕途如馬行淖田中縱復馳逸足起足陷其在駑下坐見淪沒耳乃今得還故鄉此亦譬之小歇田塍若自此急尋平路可以直去康莊馳騁萬里不知到家工夫卻如何也自曰仁沒後吾道益孤致望元靜者亦不淺子夏聖門高弟曾子數其失則曰吾過矣吾離羣而索居亦已久矣夫離羣索居之在昔賢已不能無過況吾儕乎以元靜之英敏自應未即摧墮山間切磋砥礪還復幾人深造自得便間亦可寫寄否尚謙至此日有所進自去年十二月到今已八踰月尚未肯歸視其室非其志有所專宜

不能聲音笑貌及此也區區兩疏辭乞尚未得報決意兩不允則三三不允則五則六必得而後已若再一舉輒須三月二舉則又六七月矣計吾舟東抵吳越元靜之旆當已北指幽冀會晤未期如之何則可

與希顏台仲明德尚謙原靜　丁丑

聞諸友皆登第喜不自勝非爲諸友今日喜爲野夫異日山中得良伴喜也入仕之始意況未免搖動如絮在風中若非粘泥貼網恐自張主未得不知諸友卻何如想平時工夫亦須有得力處耳野夫失脚落渡船未知何時得到彼岸且南贛事極多掣肘緣地連四省各有撫鎮乃今亦不過因仍度日自古未有事權不一而能有成者告病之興雖動恐成虛文未敢輕舉欲俟地方稍靖今又得諸友在吾終有望矣曰仁春來頗病聞之極憂念昨書來欲與二三友去田霅上因寄一詩今錄去聊同此懷也

與楊仕德薛尚誠　丁丑

即日已抵龍南明日入巢四路兵皆已如期並進賊有必破之勢某向在橫水

嘗寄書仕德云破山中賊易破心中賊難區區翦除鼠竊何足爲異若諸賢掃蕩心腹之寇以收廓清平定之功此誠大丈夫不世之偉績數日來諒已得必勝之策捷奏有期矣何喜如之日孚美質誠可與共學此時計已發舟倘未行出此同致意廨中事以累尙謙想不厭煩瑣小兒正憲猶望時賜督責

寄聞人邦英邦正 戊寅

昆季敏而好學吾家兩弟得以朝夕親資磨勵聞之甚喜得書備見向往之誠尤極浣慰家貧親老豈可不求祿仕求祿仕而不工舉業卻是不盡人事而徒責天命無是理矣但能立志堅定隨事盡道不以得失動念則雖勉習舉業亦自無妨聖賢之學若是原無求爲聖賢之志雖不業舉日談道德亦只成就得務外好高之病而已此昔人所以有不患妨功惟患奪志之說也夫謂之奪志則已有志可奪若尙未有可奪之志卻又不可以不深思疑省而早圖之每念賢弟資質之美未嘗不切拳拳夫美質難得而易壞至道難聞而易失盛年難遇而易過習俗難革而易流昆玉勉之

二　戊寅

得書見昆季用志之不凡此固區區所深望者何幸何幸世俗之見豈足與論君子惟求其是而已仕非爲貧也而有時乎爲貧古之人皆用之吾何爲獨不然然謂舉業與聖人之學相戾者非也程子云心苟不忘則雖應接俗事莫非實學無非道也而況於舉業乎謂舉業與聖人之學不相戾者亦非也程子云心苟忘之則雖終身由之只是俗事而況於舉業乎忘與不忘之間不能以髮要在深思默識所指謂不忘者果何事耶知此則知學矣賢弟精之熟之不使有毫釐之差千里之謬可也

三　庚辰

書來意思甚懇切足慰遠懷持此不懈卽吾立志之說矣源泉混混不舍晝夜盈科而後進放乎四海有本者如是立志者其本也有有志而無成者矣未有無志而能有成者也賢弟勉之色養之暇怡怡切切可想而知交修罔怠庶吾望之不孤矣地方稍平退休有日預想山間講習之樂不覺先已欣然

與薛尚謙 戊寅

沿途意思如何得無亦有走作否數年切磋只得立志辯義利若於此未有得力處却是平日所講盡成虛語平日所見皆非實得不可以不猛省也經一蹶者長一智今日之失未必不為後日之得但已落第二義須從第一義上着力一眞一切眞若這些子既是更無討不是處矣此間朋友聚集漸衆比舊頗覺興起尚謙既去仕德又往歐陽崇一病歸獨惟乾留此精神亦不足諸友中未有倚靠得者苦於接濟乏人耳乞休本至今未回未免坐待尚謙更靜養幾月若進步欠力更來火坑中乘涼如何

二

得書知日孚停舟鬱孤遲遲未發此誠出於意望之外日孚好學如此豪傑之士必有聞風而起者矣何喜如之何喜如之昨見太和報効人知歐王二生者至不識曾與一言否歐生有一書可謂有志中間述子晦語頗失真恐亦子晦一時言之未瑩爾大抵工夫須實落做去始能有見料想億度未有不自誤誤

人者矣此間賊巢乃與廣東山後諸賊相連餘黨往往有從遁者若非斬絶根株意恐日後必相聯而起重爲兩省之患故須更遲遲旬日與之翦除兵難遙度不可預料大抵如此小兒勞諸公勤勤開誨多感多感昔人謂教小兒有四益驗之果何如耶正之聞已到何因復歸區區久頓於外徒勞諸友往返念之極切懸懸今後但有至者須諸君爲我盡意吐露縱彼不久留亦無負其來可也

三

日來因兵事紛擾賤軀怯弱以此益見得工夫有得力處只是從前大段未曾實落用力虛度虛說過了自今當與諸君努力鞭策誓死進步庶亦收之桑榆耳日孚停館鬱孤恐風氣太高數日之留則可倘更稍久終恐早晚寒煖欠適區區初擬日下卽回因從前征勦撤兵太速致遺今日之患故且示以久屯之形正恐後之罪今亦猶今之罪昔耳但從征官屬已萌歸心更相倡和已有不必久屯之說天下事不能盡如人意大抵皆坐此輩可歎可歎聞仕德失調意

思何如大抵心病愈則身病亦自易去縱血氣衰弱未便卽除亦自不能爲心患也小兒勞閧教鶩駘之質無復望其千里但得帖然於皂櫪之間斯已矣門戶勤早晚得無亦厭瑣屑否不一

寄諸弟 戊寅

屢得弟輩書皆有悔悟奮發之意喜慰無盡但不知弟輩果出於誠心乎亦謾爲之說云爾本心之明皎如白日無有有過而不自知者但患不能改耳一念改過當時卽得本心人孰無過改之爲貴蘧伯玉大賢也惟曰欲寡其過而未能成湯孔子大聖也亦惟曰改過不吝可以無大過而已人皆曰人非堯舜安能無過此亦相沿之說未足以知堯舜之心若堯舜之心而自以爲無過卽非所以爲聖人矣其相授受之言曰人心惟危道心惟微惟精惟一允執厥中彼其自以爲人心之惟危也則其心亦與人同耳危卽過也惟其兢兢業業嘗加精一之功是以能允執厥中而免於過古之聖賢時時自見己過而改之是以能無過非其心果與人異也戒愼不睹恐懼不聞者時時自見己過之功吾近

來實見此學有用力處但爲平日習染深痼克治欠勇故切切預爲弟輩言之毋使亦如吾之習染既深而後克治之難也人方少時精神意氣既足鼓舞而身家之累尙未切心故用力頗易迨其漸長世累日深而精神意氣亦日漸以減然能汲汲奮志於學則猶尙可有爲至於四十五十卽如下山之日漸以微滅不復可挽矣故孔子云四十五十而無聞焉斯亦不足畏也已又曰及其老也血氣既衰戒之在得吾亦近來實見此病故亦切切預爲弟輩言之宜及時勉力毋使過時而徒悔也

與安之　己卯

聞安之肯向學不勝欣願得奮勵如此庶不負彼此相愛之情也留都時偶因饒舌遂致多口攻之者環四面取朱子晚年悔悟之說集爲定論聊藉以解紛耳門人輩近刻之雩都初聞甚不喜然士夫見之乃往往遂有開發者無意中得此一助亦頗省頰舌之勞近年篁墩諸公嘗有道一等編見者先懷黨同伐異之念故卒不能有入反激而怒今但取朱子所自言者表章之不加一辭雖

有褊心將無所施其怒矣尊意以爲何如耶聊往數冊有志向者一出指示之所須文字非不欲承命荒踈既久無下筆處耳貧漢作事大難富人豈知之

答甘泉　己卯

旬日前楊仕德人來領手教及答子莘書具悉造詣用功之詳喜躍何可言蓋自是而吾黨之學歸一矣此某之幸後學之幸也來簡勤勤訓責僕以久無請益此吾兄愛僕之厚僕之罪也此心同此理同苟知用力於此雖百慮殊途同歸一致不然雖字字而證句句而求其始也毫釐其末也千里老兄造詣之深涵養之久僕何敢望至其向往直前以求必得乎此之志則有不約而契不求而合者其閒所見時或不能無小異然吾兄既不屑屑於僕而僕亦不以汲汲於兄者正以志向既同如兩人同適京都雖所由之途閒有迂直知其異日之歸終同耳向在龍江舟次亦嘗進其大學舊本及格物諸說兄時未以爲然而僕亦遂置不復強聒者知兄之不久自當釋然於此也乃今果獲所願喜躍何可言崑崙之源有時而伏流終必達於海也僕窶人也雖獲夜光之璧人將不

信必且以謂其爲妄爲僞金璧入於猗頓之室自此至寶得以昭明於天下僅亦免於遺璧之罪矣雖然是喻猶二也夜光之璧外求而得也此則於吾所固有無待於外也偶遺忘之耳未嘗遺忘也偶蒙翳之耳叔賢所進超卓海內諸友實罕其儔同處西樵又資麗澤所造可量乎僕年未半百而衰疾已如六七十翁日夜思歸陽明爲夕死之圖疏三上而未遂欲棄印長往以從大夫之後恐形迹大駭必俟允報則須冬盡春初乃可遂也一一世事如狂風驟雨中落葉倏忽之間寧復可定所耶兩承楚人之誨此非骨肉念不及此感刻祖母益耄思一見老父亦書來促歸於是情思愈惡所幸吾兄道明德立宗盟有人用此可以自慰其諸所欲請仕德能有述有所未當便間不惜指示

二 庚辰

得正月書知大事已畢當亦稍慰純孝之思矣近承避地髮履塚下進德修業善類幸甚傳聞貴邑盜勢方張果爾則遠去家室獨留曠寂之野恐亦未可長也某告病未遂今且蹙告歸省去住亦未可必悠悠塵世畢竟作何稅駕當亦

時時念及幸以教之叔賢志節遠出流俗渭先雖未久處一見知爲忠信之士乃聞不時一相見何耶英賢之生何幸同時共地又可虛度光陰容易失却此大機會是使後人而復惜後人也二君曾各寄一書託宋以道轉致相見幸問之

答方叔賢　己卯

近得手教及與甘泉往復兩書快讀一過灑然如熱者之濯清風何子之見超卓而速也真可謂一日千里矣大學舊本之復功尤不小幸甚幸甚其論象山處舉孟子放心數條而甘泉以爲未足復舉東西南北海有聖人出此心此理同及宇宙內事皆已分內事數語甘泉所舉誠得其大然吾獨愛西樵子之近而切也見其大者則其功不得不近而切然非實加切近之功則所謂大者亦虛見而已耳自孟子道性善心性之原世儒往往能言然其學卒入於支離外索而不自覺者正以其功之未切耳此吾所以獨有喜於西樵之言固今時對證之藥也古人之學切實爲己不徒事於講說書札往來終不若面語之能盡

且易使人溺情於文辭崇浮氣而長勝心求其說之無病而不知其心病之已多矣此近世之通患賢知者不免焉不可以不察也楊仕德去草草復此諸所欲言仕德能悉

與陳國英 庚辰

別久矣雖彼此音問闊疏而消息動靜時時及聞國英天資篤厚加以靜養日久其所造當必大異於曩昔惜無因一面叩之耳凡人之學不日進者必日退譬諸草木生意日滋則日益暢茂苟生意日息則亦日就衰落矣國英之於此學且十餘年矣其日益暢茂者乎其日就衰落者乎君子之學非有同志之友日相規切則亦易以悠悠度日而無有乎激勵警發之益山中友朋亦有以此學日相講求者乎孔子云德之不修學之不講是吾憂也而況於吾儕乎哉

復唐虞佐 庚辰

承示詩二韻五章語益工興寄益無盡深歎多才但不欲以是爲有道者稱頌耳撤講慎擇之喻愛我良多深知感怍但區區之心亦自有不容已者聖賢之

道坦若大路夫婦之愚可以與知而後之論者忽近求遠舍易圖難遂使老師宿儒皆不敢輕議故在今時非獨其庸下者自分以爲不可爲雖高者特達皆以此學爲長物視之爲虛談贅說亦許時矣當此之時苟有一念相尋於此真所謂空谷足音見似人者喜矣況其章縫而來者寧不忻忻然以接之乎然要其間亦豈無濫竽假道之弊但在我不可以此意逆之亦將於此以求其真者耳正如淘金於沙非不知沙之汰而去者且十九然亦未能卽舍沙而別以淘金爲也孔子云與其進也不與其退也唯何甚孟子云君子之設科也來者不拒往者不追苟以是心至斯受之而已矣蓋不憤不啓者君子施教之方有教無類則其本心焉耳多病之軀重爲知己憂惓惓惠喻及此感愛何有窮已然區區之心亦不敢不爲知己一傾倒也行且會面悉所未盡

文錄二 書 始正德辛巳至嘉靖乙酉

與鄒謙之 辛巳

別後德聞日至雖不相面嘉慰殊深近來此意見得益親切國裳亦已篤信得謙之更一來愈當沛然矣適吳守欲以府志奉瀆同事者于中國裳汝信惟濬遂令開館於白鹿醉翁之意蓋有在不專以此煩勞也區區歸遯有日聖天子新政英明如謙之亦宜束裝北上此會宜急圖之不當徐徐而來也蔡希淵近已主白鹿諸同志須僕已到山却來相講尤妙此時却匆匆不能盡意也幸以語之

二 乙酉

鄉人自廣德來時常得聞動履兼悉政教之善殊慰傾想遠使弔賻尤感憂念之深所喻猝臨盤錯蓋非獨以別利器正以精吾格致之功耳又能以怠荒自懼其進可知矣近時四方來遊之士頗衆其間雖甚魯鈍但以良知之說略加

點掇無不即有開悟以是益信得此二字真吾聖門正法眼藏謙之近來所見不審又如何矣南元善益信此學日覺有進其見諸施設亦大非其舊便間更相獎掖之固朋友切磋之心也方治葬事使還草草疏謝不盡

與夏敦夫　辛巳

不相見者幾時每念吾兄忠信篤厚之資學得其要斷能一日千里惜無因亟會親睹其所謂歷塊過都者以為快耳昔夫子謂子貢曰賜也汝以予為多學而識之者與對曰然非與子曰非也予一以貫之然則聖人之學乃不有要乎彼釋氏之外人倫遺物理而墮於空寂者固不得謂之明其心矣若世儒之外務講求考索而不知本諸其心者其亦可以謂窮理乎此區區之心深欲就正於有道者因便輒及之幸有以教我也區區兩年來血氣亦漸衰無復用世之志近始奉　敕北上將遂便道歸省老親為終養之圖矣冗次不盡所懷

與朱守忠　辛巳

乍別忽旬餘沿途人事擾擾每得稍暇或遇景感觸輒復與懷齋詔官來承手

札知警省不懈幸甚幸甚此意不忘卽是時時相見雖別非別矣道之不明皆由吾輩明之於口而不明之於身是以徒騰頰舌未能不言而信要在立誠而己向日謙虛之說其病端亦起於不誠使能如好好色如惡惡臭亦安有不謙不虛時邪虞佐相愛之情甚厚別後益見其真切所恨愛莫爲助但願渠實落做箇聖賢以此爲報而已相見時以此意規之謙之當已不可留國裳亦時時相見否學問之益莫大於朋友切磋聚會不厭頻數也明日當發玉山到家漸可計日但與守忠相去益遠臨紙悵然

與席元山 辛巳

向承教札及鳴冤錄讀之見別後學力所到卓然斯道之任庶幾乎天下非之而不顧非獨與世之附和雷同從人非笑者相去萬萬而已喜幸何極中閒乃有須面論者但恨無因一會近聞內臺之擢決知必從鉛山取道而僕亦有歸省之便庶得停舟途次爲信宿之談使人候於分水乃未有前驅之報駐信城者五日悵快而去天之不假緣也可如何哉大抵此學之不明皆由吾人入耳

出口未嘗誠諸其身譬之談飲說食何由得見醉飽之實乎僕自近年來始實見得此學真有百世以俟聖人而不惑者朋友之中亦漸有三數輩篤信不回其疑信相半顧瞻不定者多以舊說沈痼且有得失毁譽之虞未能專心致志以聽亦坐相處不久或交臂而別無從與之細說耳象山之學簡易直截孟子之後一人其學問思辯致知格物之說雖亦未免沿襲之累然其大本大原斷非餘子所及也執事素能深信其學此亦不可不察正如求精金者必務煅煉足色勿使有纖毫之雜然後可無虧損變動蓋是非之懸絶所爭毫釐耳用熙近聞已赴京知公故舊之情極厚倘猶未出亦勸之學問而已存心養性之外無別學也相見時亦望遂以此言致之

答甘泉 辛巳

世傑來承示學庸測喜幸喜幸中間極有發明處但於鄙見尚大同小異耳隨處體認天理是真實不誑語鄙說初亦如是及根究老兄命意發端處卻似有毫釐未協然亦終當殊途同歸也修齊治平總是格物但欲如此節節分疏亦

覺說話太多且語意務爲簡古比之本文反更深晦讀者愈難尋求此中不無亦有心病莫若明白淺易其詞略指路徑使人自思得之更覺意味深長也高明以爲何如致知之說鄙見恐不可易亦望老兄更一致意便間示知之此是聖學傳心之要於此既明其餘皆洞然矣意到懇切處不得不直幸不罪其僭妄也叔賢大學洪範之說其用力已深一時恐難轉移此須面論始有可辯正耳會間先一及之去冬有方叟者過此傳示高文其人習於神仙之說謂之志於聖賢之學恐非其本心人便草草不盡

答倫彥式 辛巳

往歲仙舟過贛承不自滿足執禮謙而下問懇古所謂敏而好學於吾彥式見之別後連冗不及以時奉問極切馳想近令弟過省復承惠教志道之篤趨向之正勤惓有加淺薄何以當此悚息悚息諭及學無靜根感物易動處事多悔卽是三言尤是近時用工之實僕罔所知識何足以辱賢者之問大抵三言者病亦相因惟學而別求靜根故感物而懼其易動感物而懼其易動是故處事

而多悔也心無動靜者也其靜也者以言其體也其動也者以言其用也故君子之學無間於動靜其靜也常覺而未嘗無也故常應其動也常定而未嘗有也故常寂常應常寂動靜皆有事焉是之謂集義集義故能無祇悔所謂動亦定靜亦定者也心一而已靜其體也而復求靜根焉是撓其體也動其用也而懼其易動焉是廢其用也故求靜之心卽動也惡動之心非靜也是之謂動亦動靜亦動將迎起伏相尋於無窮矣故循理之謂靜從欲之謂動欲也者非必聲色貨利外誘也有心之私皆欲也故循理焉雖酬酢萬變皆靜也濂溪所謂主靜無欲之謂也是謂集義者也從欲焉雖心齋坐忘亦動也告子之強制正助之謂也是外義者也雖然僕蓋從事於此而未之能焉聊爲賢者陳其所見云爾以爲何如便間示知之

與唐虞佐侍御 辛巳

相與兩年情日益厚意日益真此皆彼此所心喻不以言謝者別後又承雄文追送稱許過情末又重以傳說之事所擬益非其倫感怍何旣雖然故人之賜

也敢不拜受果如是非獨進以有爲將退而隱於巖穴之下要亦不失其爲賢也已敢不拜賜昔人有言投我以木桃報之以瓊瑤今投我以瓊瑤矣我又何以報之報之以其所賜可乎說之言曰學於古訓乃有獲夫謂學於古訓者非謂其通於文辭講說於口耳之間義襲而取諸其外也獲也者得之於心之謂非外鑠也必如古訓而學其所學焉誠諸其身所謂默而成之不言而信乃爲有得也夫謂遜志務時敏者非謂其飾情卑禮於其外汲汲於事功聲譽之間也其遜志也如地之下而無所不承也如海之虛而無所不納也其時敏也一於天德戒懼於不睹不聞如太和之運而不息也夫然百世以俟聖人而不惑溥博淵泉而時出之言而民莫不信行而民莫不悅施及蠻貊而道德流於無窮斯固說之所以爲說也以是爲報虞佐其能以卻我乎孟氏云責難之謂恭吾其敢以後世文章之士期虞佐乎顏氏云舜何人也予何人也虞佐其能不以說自期乎人還燈下草草爲謝相去益遠臨楮怏悒

答方叔賢 辛巳

承示大學原知用心於此深密矣道一而已論其大本大原則六經四書無不可推之而同者又不特洪範之於大學而已此意亦僕平日於朋友中所常言者譬之草木其同者生意也其花實之疏密枝葉之高下亦欲盡比而同之吾恐化工不如是之雕刻也今吾兄方自喜以爲獨見新得銳意主張是說雖素蒙信愛如鄙人者一時論說當亦未能遽入且願吾兄以所見者實體諸身必將有疑果無疑必將有得果無得又必有見然後鄙說可得而進也學之不明幾百年矣近幸同志如甘泉如吾兄者相與切磋講求頗有端緒而吾兄忽復牽滯文義若此吾又將誰望乎君子論學固惟是之從非以必同爲貴至於入門下手處則有不容於不辯者所謂毫釐之差千里之謬矣致知格物甘泉之說與僕尚微有異然不害其爲大同若吾兄之說似又與甘泉異矣相去遠恐辭不足以達意故言語直冒不復有所遜讓近與甘泉書亦道此當不以爲罪也

此學蓁蕪今幸吾儕復知講求於此固宜急急遑遑并心同志務求其實以身明道學雖所入之途稍異要其所志而同斯可矣不肖之謬劣已無足論若叔賢之於甘泉亦乃牽制於文義紛爭於辯說益重世人之惑以啓呶呶者之口斯誠不能無憾焉憂病中不能數奉問偶有所聞因謙之去輒附此言無倫次渭先相見望併出此

與楊仕鳴 辛巳

差人來知令兄已於去冬安厝墓有宿草矣無由一哭傷哉所委誌銘既病且冗須朋友中相知深者一爲之始能有發耳喻及日用講求功夫只是各依自家良知所及自去其障擴充以盡其本體不可遷就氣習以趨時好幸甚幸甚果如是方是致知格物方是明善誠身果如是德安得而不日新業安得而不富有謂每日自檢未有終日渾成片段者亦只是致知工夫間斷夫仁亦在乎熟之而已又云以此磨勘先輩文字同異工夫不合常生疑慮又何爲其然哉區區所論致知二字乃是孔門正法眼藏於此見得真的直是建諸天地而不

悖質諸鬼神而無疑考諸三王而不謬百世以俟聖人而不惑知此者方謂之知道得此者方謂之有德異此而學卽謂之異端離此而說卽謂之邪說迷此而行卽謂之冥行雖千魔萬怪眩瞀變幻於前自當觸之而碎迎之而解如太陽一出而鬼魅魍魎自無所逃其形矣尙何疑慮之有而何異同之足惑乎所謂此學如立在空中四面皆無倚靠萬事不容染着色色信他本來不容一毫增減若涉些安排着些意思便不是合一功夫雖言句時有未瑩亦是仕鳴見得處足可喜矣但須切實用力始不落空若只如此說未免亦是議擬倣象已後只做得一箇弄精魄的漢雖與近世格物者症候稍有不同其爲病痛一而已矣詩文之習儒者雖亦不廢孔子所謂有德者必有言也若着意安排組織未有不起於勝心者先輩號爲有志斯道而亦復如是亦只是習心未除耳仕鳴既知致知之說此等處自當一勘而破瞞他些子不得也

二　癸未

别後極想念向得尙謙書知仕鳴功夫日有所進殊慰所期大抵吾黨既知學

閒頭腦已不慮無下手處只恐客氣爲患不肯實致其良知耳後進中如柯生輩亦頗有力量可進只是客氣爲害亦不小行時嘗與痛說一番不知近來果能克去否書至來相見出此共勉之前輩之於後進無不欲其入於善則其規切砥勵之間亦容有直情過當者卻恐後學未易承當得起既不我德反以我爲仇者有矣往往無益而有損故莫若且就其力量之所可及者誘掖獎勸之往時亦嘗與仕鳴論及此想能不忘也

三 癸未

前者是備錄區區之語或未盡區區之心此冊乃直述仕鳴所得反不失區區之見可見學貴乎自得也古人謂得意忘言學苟自得何以言爲乎若欲有所記札以爲日後印證之資則直以己意之所得者書之而已不必一一拘其言辭反有所不達也中間詞語時有未瑩病中不暇細爲點檢

與陸元靜 辛巳

齎奏人回得佳稿及手札殊慰闊以多病之故將從事於養生區區往年蓋嘗

弊力於此矣後乃知其不必如是始復一意於聖賢之學大抵養德養身只是一事元靜所云真我者果能戒謹不睹恐懼不聞而專志於是則神住氣住精住而仙家所謂長生久視之說亦在其中矣神仙之學與聖人異然其造端托始亦惟欲引人於道悟真篇後序中所謂黃老悲其貪着乃以神仙之術漸次導之者元靜試取而觀之其微旨亦自可識自堯舜禹湯文武至於周公孔子其仁民愛物之心蓋無所不至苟有可以長生不死者亦何惜以示人如老子彭籛之徒乃其稟賦有若此者非可以學而至後世如白玉蟾丘長春之屬皆是彼學中所稱述以爲祖師者其得壽皆不過五六十則所謂長生之說當必有所指矣元靜氣弱多病但遺棄聲名清心寡慾一意聖賢如前所謂真我之說不宜輕信異道徒自惑亂聰明弊精勞神廢靡歲月久而不返將遂爲病狂喪心之人不難矣昔人謂三折肱爲良醫區區非良醫蓋嘗三折肱者元靜其慎聽毋忽區區省親本閩部中已准覆但得 旨即當長遯山澤不久 朝廷且大賚則元靜推封亦有日果能訪我於陽明之麓當能爲元靜決此大疑也

二 壬午

某不孝不忠延禍先人酷罰未敷致茲多口亦其宜然乃勞賢者觸冒忌諱爲之辯雪雅承道誼之愛深切懇至甚非不肖孤之所敢望也無辯止謗嘗聞昔人之教矣況今何止於是四方英傑以講學異同之故議論方興吾儕可勝辯乎惟當反求諸己苟其言而是歟吾斯尙有所未信歟則當務求其是不得輒是己而非人也使其言而非歟吾斯既已自信歟則當益致其踐履之實以務求於自謙所謂默而成之不言而信者也然則今日之多口孰非吾儕動心忍性砥礪切磋之地乎且彼議論之與非必有所私怨於我彼其爲說亦將自以爲衞夫道也況其說本自出於先儒之緒論固各有所憑據而吾儕之言驟異於昔反若鑿空杜撰者乃不知聖人之學本來如是而流傳失真先儒之論所以日益支離則亦由後學沿習乖謬積漸所致彼既先橫不信之念莫肯虛心講究加以吾儕議論之間或爲勝心浮氣所乘未免過爲矯激則固宜其非笑而駭惑矣此吾儕之責未可專以罪彼爲也嗟乎吾儕今日之講學將求異其

說於人邪亦求同其學於人邪將求以善而勝人邪亦求以善而養人邪知行合一之學吾儕但口說耳何嘗知行合一邪推尋所自則如不肖者爲罪尤重蓋在平時徒以口舌講解而嘗嘗體諸其身名浮於實行不掩言己未嘗實致其知而謂昔人致知之說未有盡如貧子之說金乃未免從人乞食諸君病於相信相愛之過好而不知其惡遂乃共成今日紛紛之議皆不肖之罪也雖然昔之君子蓋有舉世非之而不顧千百世非之而不顧者亦求其是而已矣豈以一時毀譽而動其心邪惟其在我者有未盡則亦安可遂以人言爲盡非伊川晦庵之在當時尚不免於詆毀斥逐況在吾輩行有所未至則夫人之詆毀斥逐正其宜耳凡今爭辯學術之士亦必有志於學者也未可以其異己而遂有所疏外是非之心人皆有之彼其但蔽於積習故於吾說卒未易解就如諸君初聞鄙說時其間寧無非笑詆毀之者久而釋然以悟甚至反有激爲過當之論者矣又安知今日相詆之力不爲異時相信之深者乎衰絰哀苦中非論學時而道之興廢乃有不容於泯默者不覺叨叨至此言無倫次幸亮其心也

致知之說向與惟濬及崇一諸友極論於江西近日楊仕鳴來過亦嘗一及頗爲詳悉今原忠宗賢二君復往諸君更相與細心體究一番當無餘蘊矣孟子云是非之心知也是非之心人皆有之卽所謂良知也孰無是良知乎但不能致之耳易謂知至至之知至者知也至之者致知也此知行之所以一也近世格物致知之說只一知字尚未有下落若致字工夫全不曾道著矣此知行之所以二也

答舒國用 癸未

來書足見爲學篤切之志學患不知要知要矣患無篤切之志國用既知其要又能立志篤切如此其進也孰禦中間所疑一二節皆工夫未熟而欲速助長之爲病耳以國用之所志向而去其欲速助長之心循循日進自當有至前所疑一二節自將渙然冰釋矣何俟於予言譬之飲食其味之美惡食者當自知之非人之能以其美惡告之也雖然國用所疑一二節者近時同志中往往皆有之然吾未嘗以告也今且姑爲國用一言之夫謂敬畏之增不能不爲灑落

之累又謂敬畏爲有心如何可以無心而出於自然不疑其所行凡此皆吾所謂欲速助長之爲病也夫君子之所謂敬畏者非有所恐懼憂患之謂也乃戒慎不睹恐懼不聞之謂耳君子之所謂灑落者非曠蕩放逸縱情肆意之謂也乃其心體不累於欲無入而不自得之謂耳夫心之本體卽天理也天理之昭明靈覺所謂良知也君子之戒慎恐懼惟恐其昭明靈覺者或有所昏昧放逸流於非僻邪妄而失其本體之正耳戒慎恐懼之功無時或間則天理常存而其昭明靈覺之本體無所虧蔽無所牽擾無所恐懼憂患無所好樂忿懥無所意必固我無所歉餒愧怍和融瑩徹充塞流行動容周旋而中禮從心所欲而不踰斯乃所謂真灑落矣是灑落生於天理之常存天理常存生於戒慎恐懼之無間孰謂敬畏之增乃反爲灑落之累耶惟夫不知灑落爲吾心之體敬畏爲灑落之功歧爲二物而分用其心是以互相牴牾動多拂戾而流於欲速助長是國用之所謂敬畏者乃大學之恐懼憂患非中庸戒慎恐懼之謂矣程子常言人言無心只可言無私心不可言無心戒慎不睹恐懼不聞是心不可無

也有所恐懼有所憂患是私心不可有也堯舜之兢兢業業文王之小心翼翼皆敬畏之謂也皆出乎其心體之自然也出乎心體非有所爲而爲之者自然之謂也敬畏之功無間於動靜是所謂敬以直內義以方外也敬義立而天道達則不疑其所行矣所寄詐說大意亦好以此自勵可矣不必以責人也君子不蘄人之信也自信而已不蘄人之知也自知而已因先塋未畢功人事紛沓來使立候凍筆潦草無次

與劉元道 癸未

來喻欲入坐窮山絕世故屏思慮養吾靈明必自驗至於通晝夜而不息然後以無情應世故且云於靜求之似爲徑直但勿流於空寂而已觀此足見任道之剛毅立志之不凡且前後所論皆不爲無見者矣可喜可喜夫良醫之治病隨其疾之虛實強弱寒熱內外而斟酌加減調理補泄之要在去病而已初無一定之方不問證候之如何而必使人人服之也君子養心之學亦何以異於是元道自量其受病之深淺氣血之強弱自可如其所云者而斟酌爲之亦自

無傷且專欲絕世故屏思慮偏於虛靜則恐旣已養成空寂之性雖欲勿流於空寂不可得矣大抵治病雖無一定之方而以去病爲主則是一定之法若但知隨病用藥而不知因藥發病其失一而已矣閑中且將明道定性書熟味意況當又不同憂病不能一一信筆草草無次

答路賓陽 癸未

憂病中遠使惠問哀感何已守忠之訃方爾痛心而復□□不起慘割如何可言死者已矣生者益孑立寡助不及今奮發砥礪坐待澌盡燈滅固將抱恨無窮自來山間朋友遠近至者百餘人因此頗有警發見得此學益的確簡易真是考諸三王而不謬百世以俟聖人而不惑者惜無因復與賓陽一面語耳郡務雖繁然民人社稷莫非實學以賓陽才質之美行之以忠信堅其必爲聖人之志勿爲時議所搖近名所動吾見其德日近而業日廣矣荒憒不能多及心亮

與黃勉之 甲申

屢承書惠兼示述作足知才識之邁向道懇切之難得也何幸何幸然未由一面鄙心之所欲效者尙爾鬱而未申有負盛情多矣君子學以爲己成己成物雖本一事而先後之序有不容紊孟子云學問之道無他求其放心而已矣誦習經史本亦學問之事不可廢者而忘本逐末明道尙有玩物喪志之戒若立言垂訓尤非學者所宜汲汲矣所示格物說修道註誠荷不鄙之盛切深慚悚然非淺劣之所敢望於足下者也且其爲說亦於鄙見微有未盡何時合并當悉其義願且勿以示人孔子云五十以學易可以無大過矣充足下之才志當一日千里何所不可到而不勝駿逸之氣急於馳驟奔放抵突若此將恐自蹶其足非任重致遠之道也古本之釋不得已也然不敢多爲辭說正恐葛藤纏繞則枝幹反爲蒙翳耳短序亦嘗三易稿石刻其最後者今各往一本亦足以知初年之見未可據以爲定也

二 甲申

勉之別去後家人病益狠狽賤軀亦咳逆泄瀉相仍曾無閒日人事紛沓未論

也用是大學古本曾無下筆處有辜勤勤之意然此亦自可徐徐圖之但古本白文之在吾心者未能時時發明却有可憂耳來問數條實亦無暇作答締觀簡末懇懇之誠又自不容已於言也

來書云以良知之教涵泳之覺其徹動徹靜徹晝徹夜徹古徹今徹生徹死無非此物不假纖毫思索不得纖毫助長亭亭當當靈靈明明觸而應感而通無所不照無所不覺無所不達千聖同途萬賢合轍無他如神此卽爲神無他希天此卽爲天無他順帝此卽爲帝本無不中本無不公終日酬酢不見其有動終日閑居不見其有靜真乾坤之靈體吾人之妙用也竊又以爲中庸誠者之明卽此良知爲明誠之者之戒慎恐懼卽此良知爲戒慎恐懼當與惻隱羞惡一般俱是良知條件知戒慎恐懼知惻隱知羞惡通是良知亦卽是明云云

此節論得已甚分曉知此則知致知之外無餘功矣知此則知所謂建諸天地而不悖質諸鬼神而無疑百世以俟聖人而不惑者非虛語矣誠明戒懼效驗

功夫本非兩義既知徹動徹靜徹死徹生無非此物則誠明戒懼與惻隱羞惡又安得別有一物爲之歟

來書云陰陽之氣訢合和暢而生萬物物之有生皆得此和暢之氣故人之生理本自和暢本無不樂觀之鳶飛魚躍鳥鳴獸舞草木欣欣向榮皆同此樂但爲客氣物欲攪此和暢之氣始有間斷不樂孔子曰學而時習之便立箇無間斷功夫悅則樂之萌矣朋來則學成而吾性本體之樂復矣故曰不亦樂乎在人雖不我知吾無一毫慍怒以間斷吾性之樂聖人恐學者樂之有息也故又言此所謂不怨不尤與夫樂在其中不改其樂皆是樂無間斷否云云

樂是心之本體仁人之心以天地萬物爲一體訢合和暢原無間隔來書謂人之生理本自和暢本無不樂但爲客氣物欲攪此和暢之氣始有間斷不樂是也時習者求復此心之本體也悅則本體漸復矣朋來則本體之訢合和暢充周無間本體之訢合和暢本來如是初未嘗有所增也就使無朋來而天下莫

我知焉亦未嘗有所減也來書云無間斷意思亦是聖人亦只是至誠無息而已其工夫只是時習時習之要只是謹獨謹獨卽是致良知良知卽是樂之本體此節論得大意亦皆是但不宜便有所執著

來書云韓昌黎博愛之謂仁一句看來大段不錯不知宋儒何故非之以爲愛自是情仁自是性豈可以愛爲仁愚意則曰性卽未發之情情卽已發之性仁卽未發之愛愛卽已發之仁如何喚愛作仁不得言愛則仁在其中矣孟子曰惻隱之心仁也周子曰愛曰仁昌黎此言與孟周之旨無甚差別不可以其文人而忽之也云云

博愛之說本與周子之旨無大相遠樊遲問仁子曰愛人愛字何嘗不可謂之仁歟昔儒看古人言語亦多有因人重輕之病正是此等處耳然愛之本體固可謂之仁但亦有愛得是與不是者須愛得是方是愛之本體方可謂之仁若只知博愛而不論是與不是亦便有差處吾嘗謂博字不若公字爲盡大抵訓釋字義亦只是得其大概若其精微奧蘊在人思而自得非言語所能喻後人

多有泥文著相專在字眼上穿求却是心從法華轉也

來書云大學云如好好色如惡惡臭所謂惡之云者凡見惡臭無處不惡固無妨礙至於好色無處不好則將凡美色之經於目也亦盡好之乎大學之訓當是借流俗好惡之常情以喻聖賢好善惡惡之誠耳抑將好色亦爲聖賢之所同好經於目雖知其姣而思則無邪未嘗少累其心體否乎詩云有女如雲未嘗不知其姣也其姣也匪我思存言匪我見存則思無邪而不累其心體矣如見軒冕金玉亦知其爲軒冕金玉也但無歆羨希覬之心則可矣如此看不知通否云云

人於尋常好惡或亦有不真切處惟是好好色惡惡臭則皆是發於真心自求快足曾無纖假者大學是就人人好惡真切易見處指示人以好善惡惡之誠當如是耳亦只是形容一誠字今若又於好色字上生如許意見却未免有執指爲月之病昔人多有爲一字一句所牽蔽遂致錯解聖經者正是此症候耳不可不察也中間云無處不惡固無妨礙亦便有受病處更詳之

來書云有人因薛文清過思亦是暴氣之說乃欲截然不思者竊以孔子曰吾嘗終日不食終夜不寢以思亦將謂孔子過而暴其氣乎以愚推之惟思而外於良知乃謂之過若念念在良知上體認卽如孔子終日終夜以思亦不爲過不外良知卽是何思何慮尙何過哉云云

過思亦是暴氣此語說得亦是若遂欲截然不思卻是因噎而廢食者也來書謂思而外於良知乃謂之過若念念在良知上體認卽終日終夜以思亦不爲過不外良知卽是何思何慮此語甚得鄙意孔子所謂吾嘗終日不食終夜不寢以思無益不如學也者聖人未必然乃是指出徒思而不學之病以誨人耳若徒思而不學安得不謂之過思與

答劉內重 乙酉

書來警發良多知感知感腹疾不欲作答但內重爲學工夫尙有可商量者不可以虛來意之辱輒復書此耳程子云所見所期不可不遠且大然而爲之亦須量力有漸志大心勞力小任重恐終敗事夫學者旣立有必爲聖人之志只

消就自己良知明覺處朴實頭致了去自然循循日有所至原無許多門面摺數也外面是非毁譽亦好資之以爲警切砥礪之地卻不得以此稍動其心便將流於心勞日拙而不自知矣內重強剛篤實自是任道之器然於此等處尚須與謙之從容一商量又當有見也眼前路逕須放開闊才好容人來往若太拘窄恐自己亦無展足之地矣聖人之行初不遠於人情魯人獵較孔子亦獵較鄉人儺朝服而立於阼階難言之互鄉亦與進其童子在當時固不能無惑之者矣子見南子子路且有不悅夫子到此如何更與子路說得是非只好矢之而已何也若要說見南子是得多少氣力來說且若依着子路認箇不是則子路終身不識聖人之心此學終將不明矣此等苦心處惟顏子便能識得故曰於吾言無所不悅此正是大頭腦處區區舉似內重亦欲內重謙虛其心宏大其量去人我之見絕意必之私則此大頭腦處自將卓爾有見當有雖欲從之末由也已之歎矣大抵奇特斬絕之行多後世希高慕大者之所喜聖賢不以是爲貴也故索隱行怪則後世有述焉依乎中庸固有遯世不見知者矣學

絕道喪之餘苟有以講學來者所謂空谷之足音得似人者可矣必如內重所云則今之可講學者止可如內重輩二三人而止矣然如內重者亦不能時時來講也則法堂前草深一丈矣內重有進道之資而微失之於隘吾固不敢避飾非自是之嫌而叨叨至此內重宜悉此意弗徒求之言語之間可也

與王公弼 乙酉

前王汝止家人去因在妻喪中草草未能作書人來遠承問惠得聞動履殊慰殊慰書中所云斯道廣大無處欠缺動靜窮達無往非學自到任以來錢穀獄訟事上接下皆不敢放過但反觀於獨猶未是夭壽不二根基毀譽得喪之間未能脫然足知用功之密只此自知之明便是良知致此良知以求自慊便是致知矣殊慰殊慰師伊師顏兄弟久居於此黃正之來此亦已兩月餘何廷仁到亦數日朋友聚此頗覺有益惟齊不得力而歸此友性氣殊別變化甚難殊爲可憂爾閒及之

答董澐蘿石 乙酉

問某賦性平直守分每遇能言之士則以己之遲鈍爲慚恐是根器弱甚
此皆未免有外重內輕之患若平日能集義則浩然之氣至大至公充塞天地
自然富貴不能淫貧賤不能移威武不能屈自然能知人之言而凡詖淫邪遁
之詞皆無所施於前矣況肯自以爲慚乎集義只是致良知心得其宜爲義致
良知則心得其宜矣

問某因親弟糧役與之謀取致累多人因思皆不老實之過也如何
謂之老實須是實致其良知始得不然却恐所謂老實者正是老實不好也昔
人亦有爲手足之情受汙辱者然不致知此等事於良知亦自有不安

問某因海寧縣丞盧珂居官廉甚而極貧饑寒餓死遂走拜之贈以詩襪歸
而胸次帖帖然自以爲得也只此自以爲得也恐亦不宜
如得自以爲得之非宜只此便是良知矣民之秉彝也故好是懿德又多着一
分意思不得多着一分意思便是私矣

問某見人有善行每好錄之時以展閱常見二醫一姓韓一姓郭者以利相

讓亦必錄之
錄善人以自勉此亦多聞多見而識乃是致良知之功此等人只是欠學問恐
不能到頭如此吾輩中亦未易得也

與黃宗賢 癸未

南行想亦從心所欲職守閑靜益得專志於學聞之殊慰賤軀入夏來山中感暑痢歸臥兩月餘變成痰咳今雖稍平然咳尙未已也四方朋友來去無定中間不無切磋砥礪之益但真有力量能擔荷得亦自少見大抵近世學者只是無有必爲聖人之志近與尙謙子莘誠甫講孟子鄉原狂狷一章頗覺有所省發相見時試更一論如何聞接引同志孜孜不怠甚善甚善但論議之際必須謙虛簡明爲佳若自處過任而詞意重復卻恐無益有損在高明斷無此因見舊時友朋往往不免斯病謾一言之

寄薛尙謙 癸未

承喻自咎罪疾只緣輕傲二字累倒足知用力懇切但知得輕傲處便是良知

致此良知除卻輕傲便是格物致知二字是千古聖學之祕向在虔時終日論此同志中尚多有未徹近於古本序中改數語頗發此意然見者往往亦不能察今寄一紙幸熟味此是孔門正法眼藏從前儒者多不曾悟到故其說卒入於支離仕鳴過虔常與細說不審閑中曾論及否諭及甘泉論仕德處殆一時意有所向而云益亦未見其止之歎耳仕德之學未敢便以爲至即其信道之篤臨死不貳眼前曾有幾人所云心心相持如髡如鉗正恐同輩中亦未見有能如此者也書來謂仕鳴海崖大進此學近得數友皆有根力處久當能發揮幸甚聞之喜而不寐也海崖爲誰氏便中寄知之

王文成公全書卷之五

文錄三　書

書三　始嘉靖丙戌至戊子

寄鄒謙之　丙戌

比遭家多難工夫極費力因見得良知兩字比舊愈加親切真所謂大本達道舍此更無學問可講矣隨處體認天理之說大約未嘗不是只要根究下落即未免捕風捉影縱令鞭辟向裏亦與聖門致良知之功尚隔一塵若復失之毫釐便有千里之謬矣四方同志之至此者但以此意提掇之無不即有省發只是著實能透徹者甚亦不易得也世閒無志之人既已見驅於聲利詞章之習閒有知得自己性分當求者又被一種似是而非之學兜絆羈縻終身不得出頭緣人未有真爲聖人之志未免挾有見小欲速之私則此種學問極足支吾眼前得過是以雖在豪傑之士而任重道遠志稍不力即且安頓其中者多矣謙之之學既以得其大原近想涉歷彌久則功夫當益精明矣無因接席一論

以資切劘傾企如何范祠之建實亦有裨風教僕於大字本非所長況已久不作所須祠扁必大筆自揮之乃佳也使還值歲冗不欲盡言

二 丙戌

承示論俗禮要大抵一宗文公家禮而簡約之切近人情甚善甚善非吾謙之誠有意於化民成俗未肯汲汲爲此也古禮之存於世者老師宿儒當年不能窮其說世之人苦其煩且難遂皆廢置而不行故今之爲人上而欲導民於禮者非詳且備之爲難惟簡切明白而使人易行之爲貴耳中閒如四代位次及祔祭之類固區區向時欲稍改以從俗者今皆斟酌爲之於人情甚協蓋天下古今之人其情一而已矣先王制禮皆因人情而爲之節文是以行之萬世而皆準其或反之吾心而有所未安者非其傳記之訛闕則必古今風氣習俗之異宜者矣此雖先王未之有亦可以義起三王之所以不相襲禮也若徒拘泥於古不得於心而冥行焉是乃非禮之禮行不著而習不察者矣後世心學不講人失其情難乎與之言禮然良知之在人心則萬古如一日苟順吾心之良

知以致之則所謂不知足而爲屨我知其不爲蕢矣非天子不議禮制度今之爲此非以議禮爲也徒以末世廢禮之極聊爲之兆以興起之故特爲此簡易之說欲使之易知易從焉耳冠婚喪祭之外附以鄉約其於民俗亦甚有補至於射禮似宜別爲一書以教學者而非所以求諭於俗今以附於其閒卻恐民閒以非所常行視爲不切又見其說之難曉遂幷其冠婚喪祭之易曉者而棄之也文公家禮所以不及於射或亦此意也歟幸更裁之令先公墓表決不負約但向在紛冗憂病中近復咳患盛作更求假以日月耳施濮兩生知解甚利但已經爐鞴則煅煉爲易自此益淬礪之吾見其成之速也書院新成欲爲諸生擇師此誠盛德之事但劉伯光以家事促歸魏師伊乃兄適有官務倉卒往視何廷仁近亦歸省惟黃正之尚留彼意以登壇說法非吾謙之身自任之不可須事定後卻與二三同志造訪因而連留旬月相與砥礪開發效匡翼之勞亦所不辭也祠堂位次祔祭之義往年曾與徐曰仁備論曰仁嘗記其略今使錄一通奉覽以備採擇　或問文公家禮高曾祖禰之位皆西上以次而東於

心切有未安陽明子曰古者廟門皆南向主皆東向合祭之時昭之遷主列於北牖穆之遷主列於南牖皆統於太祖東向之尊是故西上以次而東今祠堂之制既異於古而又無太祖東向之統則西上之說誠有所未安曰然則今當何如曰禮以時爲大若事死如事生則宜以高祖南向而曾祖禰東西分列席皆稍降而弗正對似於人心爲安曾見浦江鄭氏之祭四代考妣皆異席高考妣南向曾祖禰考皆西向妣皆東向名依世次稍退半席其於男女之列尊卑之等兩得其宜今吾家亦如此行但恐民間廳事多淺隘而器物亦有所不備則不能以通行耳又問無後者之祔於己之子姪固可下列矣若在祖宗之行宜何如祔陽明子曰古者大夫三廟不及其高矣適士二廟不及其曾矣今民間得祀高曾蓋亦體順人情之至例以古制則既爲僭況在其行之無後者乎古者士大夫無子則爲之置後無後者鮮矣後世人情偷薄始有棄貧賤而不問者古所爲無後皆殤子之類耳祭法王下祭殤五適子適孫適曾孫適玄孫適來孫諸侯下祭三大夫二適士及庶人祭子而止則無後之祔皆子孫屬也

今民間既得假四代之祀以義起之雖及弟姪可矣往年湖湘一士人家有曾伯祖與堂叔祖皆賢而無後者欲為立嗣則族衆不可欲弗祀則思其賢有所不忍也以問於某某曰不祀二三十年矣而追為之嗣勢有所不行矣若在士大夫家自可依古族屬之義於春秋二社之次特設一祭凡族之無後而親者各以昭穆之次配祔之於義亦可也

三　丙戌

教札時及足慰離索兼示論語講章明白痛快足以發朱注之所未及諸生聽之當有油然而興者矣後世人心陷溺禍亂相尋皆由此學不明之故只將此學字頭腦處指撥得透徹使人洞然知得是自己生身立命之原不假外求如木之有根暢茂條達自有所不容已則所謂悅樂不慍者皆不待言而喻書院記文整嚴精確迥爾不羣皆是直寫胸中實見一洗近儒影響雕飾之習不徒作矣某近來卻見得良知兩字日益真切簡易朝夕與朋輩講習只是發揮此兩字不出緣此兩字人人所自有故雖至愚下品一提便省覺若致其極雖聖

人天地不能無憾故說此兩字窮劫不能盡世儒尚有致疑於此謂未足以盡道者只是未嘗實見得耳近有鄉大夫請某講學者云除卻良知還有甚麼說得某答云除卻良知還有甚麼說得不審邇來謙之於此兩字見得比舊又如何矣無因一面扣之以快傾渴正之去當能略盡鄙懷不能一一後世大患全是士夫以虛文相誑略不知有誠心實意流積成風雖有忠信之質亦且迷溺其閒不自知覺是故以之爲子則非孝以之爲臣則非忠流毒扇禍生民之亂尙未知所抵極今欲救之惟有返朴還淳是對症之劑故吾儕今日用工務在鞭辟近裏刪削繁文始得然鞭辟近裏刪削繁文亦非草率可能必須講明致良知之學每以言於同志不識謙之亦以爲何如也講學之後望時及之

四　丙戌

正之歸備談政教之善勤勤懇懇開誘來學毅然以斯道爲己任其爲喜幸如何可言前書虛文相誑之說獨以慨夫後儒之沒溺詞章雕鏤文字以希世盜名雖賢知有所不免而其流毒之深非得根器力量如吾謙之者莫能挽而回

之也而謙之顧猶歉然欲以猛省寡過此正吾謙之之所以爲不可及也欣歎欣歎學絶道喪之餘苟有興起向慕於是學者皆可以爲同志不必銖稱寸度而求其盡合於此以之待人可也若在我之所以爲造端立命者則不容有毫髮之或爽矣道一而已仁者見之謂之仁知者見之謂之知釋氏之所以爲釋老氏之所以爲老百姓日用而不知皆是道也寧有二乎今古學術之誠僞邪正何啻碔砆美玉然有眩惑終身而不能辯者正以此道之無二而其變動不拘充塞無閒縱横顛倒皆可推之而通世之儒者各就其一偏之見而又飾之以比擬倣像之功文之以章句假借之訓其爲習熟旣足以自信而條目又足以自安此其所以誑己誑人終身沒溺而不悟焉耳然其毫釐之差而乃致千里之謬非誠有求爲聖人之志而從事於惟精惟一之學者莫能得其受病之源而發其神奸之所由伏也若某之不肖蓋亦嘗陷溺於其閒者幾年倀倀然旣自以爲是矣賴天之靈偶有悟於良知之學然後悔其向之所爲者固包藏禍機作僞於外而心勞日拙者也十餘年來雖痛自洗剔創艾而病根深痼萌

蘖時生所幸良知在我操得其要譬猶舟之得舵雖驚風巨浪顛沛不無尙猶得免於傾覆者也夫舊習之溺人雖已覺悔悟而其克治之功尙且其難若此又況溺而不悟日益以深者亦將何所抵極乎以謙之精神力量又以有覺於良知自當如江河之注海沛然無復能有爲之障礙者矣默成深造之餘必有日新之得可以警發昏惰者便間不惜款款示及之

五 丙戌

張陳二生來適歸餘姚祭掃遂不及相見殊負深情也隨事體認天理卽戒慎恐懼功夫以爲尙隔一塵爲世之所謂事事物物皆有定理而求之於外者言之耳若致良知之功明則此語亦自無害不然卽猶未免於毫釐千里也來喻以爲恐主於事者蓋已深燭其弊矣寄示甘泉尊經閣記甚善甚善其間大意亦與區區稽山書院之作相同稽山之作向嘗以寄甘泉自謂於此學頗有分毫發明今甘泉乃謂今之謂聰明知覺不必外求諸經者不必呼而能覺之類則似急於立言而未暇細察鄙人之意矣後世學術之不明非爲後人聰明識

見之不及古人大抵多由勝心爲患不能取善相下明明其說之已是矣而又務爲一說以高之是以其說愈多而惑人愈甚凡今學術之不明使後學無所適從徒以致人之多言者皆吾黨自相求勝之罪也今良知之說已將學問頭腦說得十分下落只是各去勝心務在共明此學隨人分限以此循循善誘之自當各有所至若只要自立門戶外假衛道之名而內行求勝之實不顧正學之因此而益荒人心之因此而愈惑黨同伐異覆短爭長而惟以成其自私自利之謀仁者之心有所不忍也甘泉之意未必由此因事感觸輒漫及之蓋今時講學者大抵多犯此症在鄙人亦或有所未免然不敢不痛自克治也如何

如何

答友人　丙戌

君子之學務求在己而已毀譽榮辱之來非獨不以動其心且資之以爲切磋砥礪之地故君子無入而不自得正以其無入而非學也若夫聞譽而喜聞毀而戚則將惶惶於外惟日之不足矣其何以爲君子往年　駕在留都左右交

讓某於　武廟當時禍且不測僚屬咸危懼謂羣疑若此宜圖所以自解者某曰君子不求天下之信己也自信而已吾方求以自信之不暇而暇求人之信己乎某於執事爲世交執事之心某素能信之而顧以相訊若此豈亦猶有未能自信也乎雖然執事之心又焉有所不自信者至於防範之外意料所不及若校人之於子產者亦安能保其必無則執事之懇懇以詢於僕固君子之嚴於自治宜如此也昔楚人有宿於其友之家者其僕竊友人之履以歸楚人不知也適使其僕市履於肆僕私其直而以竊履進楚人不知也他日友人來過見其履在楚人之足大駭曰吾固疑之果然竊吾履遂與之絕逾年而事暴友人踵楚人之門而悔謝曰吾不能知子而繆以疑子吾之罪也請爲友如初今執事之見疑於人其有其無某皆不得而知縱或有之亦何傷於執事之自信乎不俟逾年吾見有踵執事之門而悔謝者矣執事其益自信無怠固將無入而非學亦無入而不自得也矣

答友人問　丙戌

問自來儒先皆以學問思辯屬知而以篤行屬行分明是兩截事今先生獨謂知行合一不能無疑

曰此事吾已言之屢屢凡謂之行者只是著實去做這件事若著實做學問思辯的工夫則學問思辯亦便是行矣學是學做這件事問是問做這件事思辯是思辯做這件事則行亦便是學問思辯矣若謂學問思辯之然後去行卻如何懸空先去學問思辯得行時又如何去得做學問思辯的事行之明覺精察處便是知知之真切篤實處便是行若行而不能精察明覺便是冥行便是學而不思則罔所以必須說箇知知而不能真切篤實便是妄想便是思而不學則殆所以必須說箇行元來只是一箇工夫凡古人說知行皆是就一箇工夫上補偏救弊說不似今人截然分作兩件事做某今說知行合一雖亦是就今時補偏救弊說然知行體段亦本來如是吾契但著實就身心上體履當下便自知得今卻只從言語文義上窺測所以牽制支離轉說轉糊塗正是不能知行合一之弊耳

象山論學與晦庵大有同異先生嘗稱象山於學問頭腦處見得直截分明
今觀象山之論卻有謂學有講明有踐履及以致知格物爲講明之事乃與
晦庵之說無異而與先生知行合一之說反有不同何也
曰君子之學豈有心於同異惟其是而已吾於象山之學有同者非是苟同其
異者自不掩其爲異也吾於晦庵之論有異者非是求異其同者自不害其爲
同也假使伯夷柳下惠與孔孟同處一堂之上就其所見之偏全其議論斷亦
不能皆合然要之不害其同爲聖賢也若後世論學之士則全是黨同伐異私
心浮氣所使將聖賢事業作一場兒戲看了也
又問知行合一之說是先生論學最要緊處今既與象山之說異矣敢問其
所以同
曰知行原是兩箇字說一箇工夫這一箇工夫須著此兩箇字方說得完全無
弊病若頭腦處見得分明見得原是一箇頭腦則雖把知行分作兩箇說畢竟
將來做那一箇工夫則始或未便融會終所謂百慮而一致矣若頭腦見得不

分明原看做兩箇了則雖把知行合作一箇說亦恐終未有湊泊處況又分作兩截去做則是從頭至尾更沒討下落處也

又問致良知之說真是百世以俟聖人而不惑者象山已於頭腦上見得分明如何於此尚有不同

曰致知格物自來儒者皆相沿如此說故象山亦遂相沿得來不復致疑耳然此畢竟亦是象山見得未精一處不可掩也

又曰知之真切篤實處便是行行之明覺精察處便是知若知時其心不能真切篤實則其知便不能明覺精察不是知之時只要明覺精察更不要真切篤實也行之時其心不能明覺精察則其行便不能真切篤實不是行之時只要真切篤實更不要明覺精察也知天地之化育心體原是如此乾知大始心體亦原是如此

答南元善 丙戌

別去忽踰三月居嘗思念輒與諸生私相慨歎計歸程之所及此時當到家久

矣太夫人康強貴眷無恙渭南風景當與柴桑無異而元善之識見與趣則又有出於元亮之上者矣近得中途寄來書讀之恍然如接顏色勤勤懇懇惟以得聞道爲喜急問學爲事恐卒不得爲聖人爲憂亹亹千數百言略無一字及於得喪榮辱之閒此非真有朝聞夕死之志者未易以涉斯境也浣慰何如諸生遞觀傳誦相與歎仰歆服因而興起者多矣世之高抗通脫之士捐富貴輕利害棄爵祿決然長往而不顧者亦皆有之彼其或從好於外道詭異之說投情於詩酒山水技藝之樂又或奮發於意氣感激於憤悱牽溺於嗜好有待於物以相勝是以去彼取此而後能及其所之既倦意衡心鬱情隨事移則憂愁悲苦隨之而作果能捐富貴輕利害棄爵祿快然終身無入而不自得已乎夫惟有道之士真有以見其良知之昭明靈覺圓融洞澈廓然與太虛而同體太虛之中何物不有而無一物能爲太虛之障礙蓋吾良知之體本自聰明睿知本自寬裕温柔本自發強剛毅本自齋莊中正文理密察本自溥博淵泉而時出之本無富貴之可慕本無貧賤之可憂本無得喪之可欣戚愛憎之可取舍

蓋吾之耳而非良知則不能以聽矣又何有於聽目而非良知則不能以視矣又何有於明心而非良知則不能以思與覺矣又何有於睿知然則又何有於寬裕溫柔乎又何有於發強剛毅乎又何有於齋莊中正文理密察乎又何有於溥博淵泉而時出之乎故凡慕富貴憂貧賤欣戚得喪愛憎取舍之類皆足以蔽吾聰明睿知之體而窒吾淵泉時出之用若此者如明目之中而翳之以塵沙聰耳之中而塞之以木楔也其疾痛鬱逆將必速去之爲快而何能忍於時刻乎故凡有道之士其於慕富貴憂貧賤欣戚得喪而取舍愛憎也若洗目中之塵而拔耳中之楔其於富貴貧賤得喪愛憎之相值若飄風浮靄之往來變化於太虛而太虛之體固常廓然其無礙也元善今日之所造其殆庶幾於是矣乎是豈有待於物以相勝而去彼取此激昂於一時之意氣者所能強而聲音笑貌以爲之乎元善自愛元善自愛關中自古多豪傑其忠信沈毅之質明達英偉之器四方之士吾見亦多矣未有如關中之盛者也然自橫渠之後此學不講或亦與四方無異矣自此關中之士有所振發興起進其文藝於道

德之歸變其氣節爲聖賢之學將必自吾元善昆季始也今日之歸謂天爲無意乎謂天爲無意乎元貞以病不及別餞蓋心同道同而學同吾所以告之亦不能有他說也亮之亮之

二　丙戌

五月初得蘇州書後月適遇王驛丞去草草曾附短啓其時私計行旆到家必已久矣是月三日余門子回復領手教始知六月尙留汴城世途之險澀難料每每若此也賤軀入夏咳作兼以毒暑大旱舟楫無所往日與二三子講息池傍小閣中每及賢昆玉則喟然與歎而已郡中今歲之旱比往年尤甚河渠曾蒙開浚者百姓皆得資灌溉之利相與嘖嘖追頌功德然已控籲無及矣彼奸妬憸人號稱士類者乃獨讒疾排構無所不至曾細民之不若亦獨何哉亦獨何哉色養之暇塤篪協奏切磋講習當日益深造矣里中英俊相從論學者幾人學絕道喪且幾百年居今之時而苟知趨向於是正所謂空谷之足音皆今之豪傑矣便中示知之竊嘗喜晦翁涵育薰陶之說以爲今時朋友相與必有

此意而後彼此交益近來一二同志與人講學乃有規礪太刻遂相憤戾而去者大抵皆不免於以善服人之病耳楚國寶又爾憂去子京諸友亦不能亟相會一齊衆楚道之不明也我知之矣雖然風雨如晦雞鳴不已至誠而不動者未之有也非賢昆玉疇足以語於斯乎其餘世情眞若浮虛之變態亮非元善之所屑聞者也遂不一一及

答季明德 丙戌

書惠遠及以咳恙未平憂念備至感媿良深食薑太多非東南所宜誠然此亦不過暫時劫劑耳近有一友爲易貝母丸服之頗亦有效乃終不若來喻用養生之法拔去病根者爲得本源之論然此又不但治病爲然學問之功亦當如是矣承示立志益堅謂聖人必可以學而至兢兢焉常磨鍊於事爲朋友之間而厭煩之心比前差少喜幸殊極又謂聖人之學不能無積累之漸意亦切實中間以堯舜文王孔老諸說發明志學一章之意足知近來進脩不懈居有司之煩而能精思力究若此非朋輩所及然此在吾明德自以此意奮起其精神

砥切其志意則可矣必欲如此節節分疏引證以爲聖人進道一定之階級又連掇數聖人紙上之陳迹而入之以此一款條例之中如以堯之試鯀爲未能不惑子夏之啓予爲未能耳順之類則是尙有比擬牽滯之累以此論聖人之亦必由學而至則雖有所發明然其階級懸難反覺高遠深奧而未見其爲人皆可學乃不如末後一節謂至其極而矩之不踰亦不過自此志之不已所積而不踰之上亦必有學可進聖人豈絕然與人異哉又云善者聖之體也害此善者人欲而已人欲吾之所本無去其本無之人欲則善在我而聖體全聖無有餘我無不足此以知聖人之必可學也然非有求爲聖人之志則亦不能以有成只如此論自是親切簡易以此開喻來學足以興起之矣若如前說未免使柔怯者畏縮而不敢當高明者希高而外逐不能無弊也聖賢垂訓固有書不盡言言不盡意者凡看經書要在致吾之良知取其有益於學而已則千經萬典顚倒縱橫皆爲我之所用一涉拘執比擬則反爲所縛雖或特見妙詣開發之益一時不無而意必之見流注潛伏蓋有反爲良知之障蔽而不自知覺

者矣其云善者聖之體意固已好善卽良知言良知則使人尤爲易曉故區區

近有心之良知是謂聖之說其閒又云人之爲學求盡乎天而已此明德之意

本欲合天人而爲一而未免反離而二之也人者天地萬物之心也心者天地

萬物之主也心卽天言心則天地萬物皆舉之矣而又親切簡易故不若言人

之爲學求盡乎心而已知行之答大段切實明白詞氣亦平和有足啓發人者

惟賢一書識見甚進閒有語疵則前所謂意必之見流注潛伏者之爲病今旣

照破久當自融釋矣以效訓學之說凡字義之難通者則以一字之相類而易

曉者釋之若今學字之義本自明白不必訓釋今遂以效訓學以學訓效皆無

不可不必有所拘執但效字終不若學字之混成耳率性而行則性謂之道脩

道而學則道謂之教謂脩道之爲教可也謂脩道之爲學亦可也自其道之示

人無隱者而言則道謂之教自其功夫之脩習無違者而言則道謂之學教也

學也皆道也非人之所能爲也知此則又何訓釋之有所須學記因病未能著

筆俟後便爲之

與王公弼　丙戌

來書比舊所見益進可喜可喜中間謂棄置富貴與輕於方父兄之命只是一事當棄富貴即棄富貴只是致良知當從父兄之命即從父兄之命亦只是致良知其間權量輕重稍有私意於良知便自不安凡認賊作子者緣不知在良知上用功是以有此若只在良知上體認所謂雖不中不遠矣

二　丁亥

老年得子實出望外承相知愛念勤惓若此又重之以厚儀感媿何可當也兩廣之役積衰久病之餘何能堪此已具本辭免但未知遂能得允否耳來書提醒良知之說甚善甚善所云困勉之功亦只是提醒工夫未能純熟須加人一己百之力然後能無間斷非是提醒之外別有一段困勉之事也

與歐陽崇一　丙戌

正之諸友下第歸備談在京相與之詳近雖仕途紛擾中而功力略無退轉甚難甚難得來書自咎真切論學數條卓有定見非獨無退轉且大有所進矣文

蔚所疑良不爲過孟子謂有諸己之謂信今吾未能有諸己是未能自信也宜乎文蔚之未能信我矣乃勞崇一逐一爲我解嘲然又不敢盡謂崇一解嘲之言爲口給但在區區則亦未能一一盡如崇一之所解者爲不能無愧耳固不敢不勉力也

寄陸原靜 丙戌

原靜雖在憂苦中其學問功夫所謂顛沛必於是者不言可知矣奚必論說講究而後可以爲學乎南元善曾將原靜後來論學數條刊入後錄中初心甚不欲渠如此近日朋輩見之卻因此多有省悟始知古人相與辯論窮詰亦不獨要自己明白直欲共明此學於天下耳蓋此數條同志中肯用功者亦時有疑及之然非原靜則亦莫肯如此披豁吐露就欲如此披豁吐露亦不能如此曲折詳盡故此原靜一問其有益於同志良不淺淺也自後但有可相啓發者不惜時寄及之幸甚幸甚近得施聘之書意向卓然出於流輩往年嘗竊異其人今果與俗不同也閒中曾相往復否大事今冬能舉得便可無他絆繫如聘之

者不妨時時一會窮居獨處無朋友相砥切最是一大患也貴鄉有韋友名商臣者聞其用工篤實尤為難得亦曾一相講否

答甘泉　丙戌

音問雖疎道德之聲無日不聞於耳所以啓瞶消鄙者多矣向承狂生之諭初聞極駭彼雖愚悖之甚不應遽至於爾旣而細詢其故良亦有因近復來此始得其實蓋此生素有老佛之溺為朋輩所攻激遂高自矜大以誇愚泄憤蓋亦不過怪誕妖妄如近世方士呼雷斬蛟之說之類而聞者不察又從而增飾之耳近已與之痛絕而此生深自悔責若無所措其躬賴其資性頗可或自此遂能改創未可知也學絕道喪之餘苟以是心至斯受之矣忠信明敏之資絕不可得如生者良亦千百中之一二而又復不免於陷溺若此可如何哉可如何哉龔生來訪自言素沐教極深其資性甚純謹惜無可以進之者今復遠求陶鑄自此當見其有成也

答魏師說　丁亥

師伊至備聞日新之功兼得來書志意懇切喜慰無盡所云任情任意認作良知及作意爲之不依本來良知而自謂良知者旣已察識其病矣意與良知當分別明白凡應物起念處皆謂之意意則有是有非能知得意之是與非者則謂之良知依得良知卽無有不是矣所疑拘於體面格於事勢等患皆是致良知之心未能誠切專一若能誠切專一自無此也凡作事不能謀始與有輕忽苟且之弊者亦皆致知之心未能誠一亦是見得良知未透徹若見得透徹卽體面事勢中莫非良知之妙用除卻體面事勢之外亦别無良知矣豈得又爲體面所局事勢所格卽已動於私意非復良知之本然矣今時同志中雖皆知得良知無所不在一涉酬應便又將人情物理與良知看作兩事此誠不可以不察也

與馬子莘 丁亥

連得所寄書誠慰傾渴緜觀來書其字畫文彩皆有加於疇昔根本盛而枝葉茂理固宜然然草木之花千葉者無實其花繁者其實鮮矣邇來子莘之志得

無徵有所溺乎是亦不可以不省也良知之說往時亦嘗備講不審邇來能益瑩徹否明道云吾學雖有所受然天理二字卻是自家體認出來良知卽是天理體認者實有諸己之謂耳非若世之想像講說者之爲也近時同志莫不知以良知爲說然亦未見有能實體認之者是以尙未免於疑惑蓋有謂良知不足以盡天下之理而必假於窮索以增益之者又以爲徒致良知未必能合於天理須以良知講求其所謂天理者而執之以爲一定之則然後可以率由而無弊是其爲說非實加體認之功而真有以見夫良知者則亦莫能辯其言之似是而非也莆中故多賢國英及志道二三同志之外相與切磋砥礪者亦復幾人良知之外更無知致知之外更無學外良知以求知者邪妄之知矣外致知以爲學者異端之學矣道喪千載良知之學久爲贅疣今之友朋知以此事日相講求者殆空谷之足音歟想念雖切無因面會一罄此懷臨書惘惘不盡

與毛古庵憲副　丁亥

亟承書惠既荷不遺中閒歉然下問之意尤足以仰見賢者進脩之功勤勤不

懈喜幸何可言也無因促膝一陳鄙見以求是正可勝瞻馳凡鄙人所謂致良知之說與今之所謂體認天理之說本亦無大相遠但微有直截迂曲之差耳譬之種植致良知者是培其根本之生意而達之枝葉者也體認天理者是茂其枝葉之生意而求以復之根本者也然培其根本之生意固自有以達之枝葉矣欲茂其枝葉之生意亦安能舍根本而別有生意可以茂之枝葉之間者乎吾兄忠信近道之資既自出於儕輩之上近見胡正人備談吾兄平日工夫又皆篤實懇切非若世之徇名遠迹而徒以支離於其外者只如此用力不已自當循循有至所謂殊途而同歸者也亦奚必改途易業而別求所謂爲學之方乎惟吾兄益就平日用工得力處進步不息譬之適京都者始在偏州僻壤未免經歷於傍蹊曲徑之中苟志往不懈未有不達於通衢大路者也病軀咳作不能多及寄去鄙錄末後論學一書亦頗發明鄙見暇中幸示及之

與黄宗賢　丁亥

人在仕途比之退處山林時其工夫之難十倍非得良友時時警發砥礪則其

平日之所志向鮮有不潛移默奪弛然日就於頽靡者近與誠甫言在京師相與者少二君必須預先相約定彼此但見微有動氣處即須提起致良知話頭互相規切凡人言語正到快意時便截然能忍默得意氣正到發揚時便翕然能收斂得憤怒嗜欲正到騰沸時便廓然能消化得此非天下之大勇者不能也然見得良知親切時其工夫又自不難緣此數病良知之所本無只因良知昏昧蔽塞而後有若良知一提醒時即如白日一出而魍魎自消矣中庸謂知恥近乎勇所謂知恥只是恥其不能致得自己良知耳今人多以言語不能屈服得人爲恥意氣不能陵軋得人爲恥憤怒嗜欲不能直意任情得爲恥殊不知此數病者皆是蔽塞自己良知之事正君子之所宜深恥者今乃反以不能蔽塞自己良知爲恥正是恥非其所當恥而不知恥其所當恥也可不大哀乎諸君皆平日所知厚者區區之心愛莫爲助只願諸君都做箇古之大臣古之所謂大臣者更不稱他有甚知謀才略只是一箇斷斷無他技休休如有容而已諸君知謀才略自是超然出於衆人之上所未能自信者只是未能致得自

己良知未全得斷斷休休體段耳今天下事勢如沈痾積痿所望以起死回生者實有在於諸君子若自己病痛未能除得何以能療得天下之病此區區一念之誠所以不能不爲諸君一竭盡者也諸君每相見時幸默以此意相規切之須是克去己私真能以天地萬物爲一體實康濟得天下挽回三代之治方是不負如此　聖明之君方能報得如此知遇不枉了因此一大事來出世一遭也病臥山林只好俢藥餌苟延喘息但於諸君出處亦有痛癢相關者不覺縷縷至此幸亮此情也

答以乘憲副　丁亥

此學不明於世久矣而舊聞舊習障蔽纏繞一旦驟聞吾說未有不非詆疑議者然此心之良知昭然不昧萬古一日但肯平心易氣而以吾說反之於心亦未有不洞然明白者然不能即此奮志進步勇脫窠臼而猶依違觀望於其間則舊聞舊習又從而牽滯蔽塞之矣此近時同志中往往皆有是病不識以乘別後意思卻如何耳昔有十家之村皆荒其百畝而日惟轉糴於市取其贏餘

以贍朝夕者鄰村之農勸之曰爾朝夕轉糴勞費無期曷若三年耕則餘一年之食數年耕可積而富矣其二人聽之舍糴而田八家之人競相非沮遏室人老幼亦交徧歸讁曰我朝不糴則無以為饔暮不糴則無以為飧朝夕不保安能待秋而食乎其一人力田不顧卒成富家其一人不得已復棄田而糴竟貧餒終身焉今天下之人方皆轉糴於市忽有舍糴而田者寧能免於非讁乎要在深信弗疑力田而不顧乃克有成耳兩承書來皆有邁往直進相信不疑之志殊為浣慰人還附知少致切劘之誠當不以為迂也

與戚秀夫　丁亥

德洪諸友時時談及盛德深情追憶留都之會恍若夢寐中矣盛使遠辱兼以書儀感怍何既此道之在人心皎如白日雖陰晴晦明千態萬狀而白日之光未嘗增減變動足下以邁特之資而能篤志問學勤勤若是其於此道真如掃雲霧而覩白日耳奚假於區區之為問乎病廢既久偶承兩廣之　命方具辭疏使還正當紛沓草草不盡鄙懷

與陳惟濬　丁亥

江西之會極草草尚意得同舟旬日從容一談不謂既入省城人事紛沓及登舟時惟濬已行矣沿途甚怏怏抵梧後即赴南寧日不暇給亦欲遣人相期來此早晚略暇時可閒話而此中風土絕異炎瘴尤不可當家人輩到此無不病者區區咳患亦因熱大作痰痢腫毒交攻度惟濬斷亦不可以居此又復已之近得聶文蔚書知已入漳患難困苦之餘所以動心忍性增益其所不能者宜必日有所進養之以福正在此時不得空放過也聖賢論學無不可用之工只是致良知三字尤簡易明白有實下手處更無走失近時同志亦已無不知有致良知之說然能於此實用工者絕少皆緣見得良知未真又將致字看太易了是以多未有得力處雖比往時支離之說稍有頭緒然亦只是五十步百步之間耳就中亦有肯精心體究者不覺又轉入舊時窠臼中反爲文義所牽滯工夫不得洒脫精一此君子之道所以鮮也此事必須得師友時時相講習切劘自然意思日新自出山來不覺便是一年山中同志結廬相待者尚數十人

時有書來儘令人感動而地方重務勢難輕脫病軀又日狼狽若此不知天意竟如何也文蔚書中所論迥然大進真有一日千里之勢可喜可喜頗有所詢病中草草答大略見時可取視之亦有所發也

寄安福諸同志　丁亥

諸友始爲惜陰之會當時惟恐只成虛語邇來乃聞遠近豪傑聞風而至者以百數此可以見良知之同然而斯道大明之幾於此亦可以卜之矣喜慰可勝言耶得虞卿及諸同志寄來書所見比舊又加親切足驗工夫之進可喜可喜只如此用工去當不能有他岐之惑矣明道有云寧學聖人而不至不以一善而成名此爲有志聖人而未能真得聖人之學者則可如此說若今日所講良知之說乃真是聖學之的傳但從此學聖人卻無有不至者惟恐吾儕尚有一善成名之意未肯專心致志於此耳在會諸同志雖未及一一面見固已神交於千里之外相見時幸出此共勉之王子茂寄問數條亦皆明切中間所疑在子茂亦是更須誠切用功到融化時并其所疑亦皆釋然沛然不復有相阻礙

然後爲真得也凡工夫只是要簡易真切愈真切愈簡易愈簡易愈真切病咳中不能多及亦不能一一備列姓字幸以意亮之而已

與錢德洪　王汝中　丁亥

家事賴廷豹糾正而德洪汝中又相與薰陶切劘於其閒吾可以無內顧矣紹興書院中同志不審近來意向如何德洪汝中既任其責當能振作接引有所興起會講之約但得不廢其閒縱有一二懈弛亦可因此夾持不致遂有傾倒餘姚又得應元諸友作興鼓舞想益日異而月不同老夫雖出山林亦每以自慰諸賢皆一日千里之足豈俟區區有所警策聊亦以此示鞭影耳即日已抵肇慶去梧不三四日可到方入冗場未能多及千萬心亮紹興書院及餘姚各會同志諸賢不能一一列名字幸亮

二　戊子

地方事幸遂平息相見漸可期矣近來不審同志敘會如何得無法堂前今已草深一丈否想卧龍之會雖不能大有所益亦不宜遂致荒落且存餼羊後或

與起亦未可知餘姚得應元諸友相與倡率爲益不小近有人自家鄉來聞龍山之講至今不廢亦殊可喜書到望爲寄聲益相與勉之九十弟與正憲輩不審早晚能來親近否或彼自勉望且誘掖接引之諒與人爲善之心當不俟多喋也魏廷豹決能不負所託兒輩或不能率教亦望相與夾持之人行匆匆百不一及諸同志不能盡列姓字均致此意

三　戊子

德洪汝中書來見近日工夫之有進足爲喜慰而餘姚紹興諸同志又能相聚會講切奮發興起日勤不懈吾道之昌真有火然泉達之機矣喜幸當何如哉喜幸當何如哉此閒地方悉已平靖只因二三大賊巢爲兩省盜賊之根株淵藪積爲民患者心亦不忍不爲一除翦又復遲留二三月今亦了事矣旬月閒便當就歸途也守儉守文二弟近承夾持啓迪想亦漸有所進正憲尤極懶惰若不痛加鍼砭其病未易能去父子兄弟之閒情既迫切責善反難其任乃在師友之閒想平日骨肉道義之愛當不俟於多囑也書院規制近聞頗加脩葺

是亦可喜寄去銀二十兩稍助工費牆垣之未堅完及一應合整備者酌量爲之餘情面話不久

答何廷仁 戊子

區區病勢日狼狽自至廣城又增水瀉日夜數行不得止今遂兩足不能坐立須稍定卽踰嶺而東矣諸友皆不必相候果有山陰之興卽須早鼓錢塘之舵得與德洪汝中輩一會聚彼此當必有益區區養病本去已三月旬日後必得旨亦遂發舟而東縱未能遂歸田之願亦必得一還陽明與諸友一面而別且後會又有可期也千萬勿復遲疑徒躭誤日月總及隨舟而行沿途官吏送迎請謁斷亦不能有須臾之暇宜悉此意書至卽撥冗德洪汝中輩亦可促之早爲北上之圖伏枕潦草

王文成公全書卷之六

文錄四 序 記 說

別三子序 丁卯

自程朱諸大儒沒而師友之道遂亡六經分裂於訓詁支離蕪蔓於辭章業舉之習聖學幾於息矣有志之士思起而興之然卒徘徊咨嗟逡巡而不振因弛然自廢者亦志之弗立弗講於師友之道也夫一人爲之二人從而翼之已而翼之者益衆焉雖有難爲之事其弗成者鮮矣一人爲之二人從而危之已而危之者益衆焉雖有易成之功其克濟者亦鮮矣故凡有志之士必求助於師友無師友之助者志之弗立弗求者也自予始知學卽求師於天下而莫予誨也求友於天下而與予者寡矣又求同志之士二三子之外邈乎其寥寥也殆予之志有未立邪蓋自近年而又得蔡希顏朱守中於山陰之白洋得徐曰仁於餘姚之馬堰曰仁予妹壻也希顏之深潛守中之明敏曰仁之温恭皆予所不逮三子者徒以一日之長視予以先輩予亦居之而弗辭非能有加也姑欲

假三子者而爲之證遂忘其非有也而三子者亦姑欲假予而存師友之餼羊不謂其不可也當是之時其相與也亦渺乎難哉予有歸隱之圖方將與三子就雲霞依泉石追濂洛之遺風求孔顏之真趣灑然而樂超然而遊忽焉而忘吾之老也今年三子者爲有司所選一舉而盡之何予得之之難而有司者襲取之之易也予未暇以得舉爲三子喜而先以失助爲予憾三子亦無喜於其得舉而方且戚於其去予也漆雕開有言吾斯之未能信斯三子之心歟曾點志於詠歌浴沂而夫子喟然與之斯予與三子之冥然而契不言而得之者歟三子行矣遂使舉進士任職就列吾知其能也然而非所欲也使遂不進而歸詠歌優游有日吾知其樂也然而未可必也天將降大任於是人必先違其所樂而投之於其所不欲所以衡心拂慮而增其所不能是玉之成也其在茲行歟三子則焉往而非學矣而予終寡於同志之助也三子行矣深潛剛克高明柔克非箕子之言乎温恭亦沈潛也三子識之焉往而非學矣苟三子之學成雖不吾邇其爲同志之助也不多乎哉增城湛原明宦於京師吾之同道友也

三子往見焉猶吾見也已

贈林以吉歸省序　辛未

陽明子曰求聖人之學而弗成者殆以志之弗立歟天下之人志輪而輪焉志裘而裘焉志巫醫而巫醫焉志其事而弗成者吾未之見也輪裘巫醫徧天下求聖人之學者閒數百年而弗一二見爲其事之難歟亦其志之難歟弗志其事而能有成者吾亦未之見也林以吉將求聖人之事過予而論學予曰子盍論子之志乎志定矣而後學可得而論子閩也將閩是求而予言予以越之道路弗之聽也予越也將越是求而予言予以閩之道路弗之聽也夫久溺於流俗而驟語以求聖人之事其始也必將有自餒而不敢當已而舊習牽焉又必有自眩而不能決已而外議奪焉又必有自沮而或以懈夫餒而求有以勝之眩而求有以信之沮而求有以進之吾見立志之難能也已志立而學半四子之言聖人之學備矣苟志立而於是乎求焉其切磋講明之益以吉自取之尚其有窮也哉見素先生子諸父也子歸而以予言正之且以爲何如

送宗伯喬白巖序 辛未

大宗伯白巖喬先生將之南都過陽明子而論學陽明子曰學貴專先生曰然予少而好弈食忘味寢忘寐目無改觀耳無改聽蓋一年而詘鄉之人三年而國中莫有予當者學貴專哉陽明子曰學貴精先生曰然予長而好文詞字字而求焉句句而鳩焉研衆史覈百氏蓋始而希迹於宋唐終焉浸入於漢魏學貴精哉陽明子曰學貴正先生曰然予中年而好聖賢之道弈吾悔焉文詞吾媿焉吾無所容心矣子以爲奚若陽明子曰可哉學弈則謂之學學文詞則謂之學學道則謂之學然而其歸遠也道大路也外是荊棘之蹊鮮克達矣是故專於道斯謂之專精於道斯謂之精專於弈而不專於道其專溺也精於文詞而不精於道其精僻也夫道廣矣大矣文詞技能於是乎出而以文詞技能爲者去道遠矣是故非專則不能以精非精則不能以明非明則不能以誠故曰惟精惟一精精也專一也精則明矣明則誠矣是故明精之爲也誠一之基也一天下之大本也精天下之大用也知天地之化育而況於文詞技能之末乎

先生曰然哉予將終身焉而悔其晚也陽明子曰豈易哉公卿之不講學也久矣昔者衞武公年九十而猶詔於國人曰毋以老耄而棄予先生之年半於武公而功可倍之也先生其不媿於武公哉某也敢忘國士之交警

贈王堯卿序 辛未

終南王堯卿爲諫官三月以病致其事而去交遊之贈言者以十數而猶乞言於予甚哉吾黨之多言也夫言日茂而行益荒吾欲無言也久矣自學術之不明世之君子以名爲實凡今之所謂務乎其實皆其務乎其名者也可無察乎堯卿之行人皆以爲高矣才人皆以爲美矣學人皆以爲博矣是可以無察乎自喜於一節者不足與進於全德之地求免於鄉人者不可以語於聖賢之途氣浮者其志不確心麤者其造不深外誇者其中日陋已矣吾惡夫言之多也虎谷有君子類無言者堯卿過焉其以予言質之

別張常甫序 辛未

太史張常甫將歸省告別於司封王某曰期之別也何以贈我乎某曰處九月

矣未嘗有言焉期之別又多乎哉常甫曰斯邦期之過也雖然必有以贈我某曰工文詞多論說廣探極覽以爲博也可以爲學乎常甫曰知之辯名物考度數釋經正史以爲密也可以爲學乎常甫曰知之整容色修辭氣言必信動必果談說仁義以爲行也可以爲學乎常甫曰知之曰去是三者而恬淡其心專一其氣廓然而虛湛然而定以爲靜也可以爲學乎常甫默然良久曰亦知之某曰然知之古之君子惟有所不知也而後能知之後之君子惟無所不知是以容有不知也夫道有本而學有要是非之辯精矣義利之閒微矣斯吾未之能信焉曷亦姑無以爲知之也而姑疑之而姑思之乎常甫曰唯吾姑無以爲知之而姑疑之而姑思之期而見吾有以復於子

別湛甘泉序　壬申

顏子沒而聖人之學亡曾子唯一貫之旨傳之孟軻終又二千餘年而周程續自是而後言益詳道益晦析理益精學益支離無本而事於外者益繁以難蓋孟氏患楊墨周程之際釋老大行今世學者皆知宗孔孟賤楊墨擯釋老聖人

之道若大明於世然吾從而求之聖人不得而見之矣其能有若墨氏之兼愛者乎其能有若楊氏之爲我者乎其能有若老氏之清淨自守釋氏之究心性命者乎吾何以楊墨老釋之思哉彼於聖人之道異然猶有自得也而世之學者章繪句琢以誇俗詭心色取相飾以僞謂聖人之道勞苦無功非復人之所可爲而徒取辯於言詞之間古之人有終身不能究者今吾皆能言其略自以爲若是亦足矣而聖人之學遂廢則今之所大患者豈非記誦詞章之習而弊之所從來無亦言之太詳析之太精者之過歟夫楊墨老釋學仁義求性命不得其道而偏焉固非若今之學者以仁義爲不可學性命之爲無益也居今之時而有學仁義求性命外記誦辭章而不爲者雖其陷於楊墨老釋之偏吾猶且以爲賢彼其心猶求以自得也夫求以自得而後可與之言學聖人之道某幼不問學陷溺於邪僻者二十年而始究心於老釋賴天之靈因有所覺始乃沿周程之說求之而若有得焉顧一二同志之外莫予翼也岌岌乎仆而後與晚得友於甘泉湛子而後吾之志益堅毅然若不可遏則予之資於甘泉多矣

甘泉之學務求自得者也世未之能知其知者且疑其爲禪誠禪也吾猶未得而見而況其所志卓爾若此則如甘泉者非聖人之徒歟多言又烏足病也夫多言不足以病甘泉與甘泉之不爲多言病也吾信之吾與甘泉友意之所在不言而會論之所及不約而同期於斯道斃而後已者今日之別吾容無言夫惟聖人之學難明而易惑習俗之降愈下而益不可回任重道遠雖已無俟於言顧復於吾心若有不容已也則甘泉亦豈以予言爲綴乎

別方叔賢序　辛未

予與叔賢處二年見叔賢之學凡三變始而尚辭再變而講說又再變而慨然有志聖人之道方其辭章之尚於予若冰炭焉講說矣則違合者半及其有志聖人之道而沛然於予同趣將遂去之西樵山中以成其志叔賢亦可謂善變矣聖人之學以無我爲本而勇以成之予始與叔賢爲僚叔賢以郎中故事位吾上及其學之每變而禮予曰恭卒乃自稱門生而待予以先覺此非脫去世俗之見超然於無我者不能也雖橫渠子之勇撤臯比亦何以加於此獨愧予

之非其人而何以當之夫以叔賢之善變而進之以無我之勇其於聖人之道也何有斯道也絕響於世餘三百年矣叔賢之美有若是是以樂爲吾黨道之

別王純甫序 辛未

王純甫之掌教應天也陽明子既勉之以孟氏之言純甫謂未盡也請益曰道未之嘗學而以教爲職鰥官其罪矣敢問教何以哉陽明子曰其學乎盡吾之所以學者而教行焉耳曰學何以哉曰其教乎盡吾之所以教者而學成焉耳古之君子有諸己而後求諸人也曰剛柔淳漓之異質矣而盡之我教其可一乎曰不一所以一之也天之於物也巨微修短之殊位而生成之一也惟技也亦然弓冶不相爲能而其足於用亦一也匠斲也陶埴也圬墁也其足以成室亦一也是故立法而考之技也各詣其巧矣而同足於用因人而施之教也各成其材矣而同歸於善仲尼之答仁孝也孟氏之論貨色也可以觀教矣曰然則教無定法乎昔之辯者則何嚴也曰無定矣而以之必天下則弓焉而冶廢匠焉而陶圬廢聖人不欲人人而聖之乎然而質人人殊故辯之嚴者曲之致

也是故或失則隘或失則支或失則流矣是故因人而施者定法矣同歸於善者定法矣因人而施質異也同歸於善性同也夫教以復其性而已由堯舜而來未之有改而謂無定乎

別黃宗賢歸天台序　壬申

君子之學以明其心其心本無昧也而欲爲之蔽習爲之害故去蔽與害而明復匪自外得也心猶水也污入之而流濁猶鑒也垢積之而光昧孔子告顏淵克己復禮爲仁孟軻氏謂萬物皆備於我反身而誠夫己克而誠固無待乎其外也世儒既叛孔孟之說昧於大學格致之訓而徒務博乎其外以求益乎其內皆入污以求清積垢以求明者也弗可得已守仁幼不知學陷溺於邪僻者二十年疾疚之餘求諸孔子子思孟軻之言而恍若有見其非守仁之能也宗賢於我自爲童子卽知棄去舉業勵志聖賢之學循世儒之說而窮之愈勤而益難非宗賢之罪也學之難易失得也有原吾嘗爲宗賢言之宗賢於吾言猶渴而飲無弗入也每見其溢於面今旣豁然吾黨之良莫有及者謝病去不忍

予別而需予言夫言之而莫予聽倡之而莫予和自今失吾助矣吾則忍於宗賢之別而容無言乎宗賢歸矣爲我結廬天台雁蕩之間吾將老焉終不使宗賢之獨往也

贈周瑩歸省序　乙亥

永康周瑩德純嘗學於應子元忠既乃復見陽明子而請益陽明子曰子從應子之所來乎曰然應子則何以教子曰無他言也惟日誨之以希聖希賢之學毋溺於流俗且曰斯吾所嘗就正於陽明子者也子而不吾信則盍親往焉瑩是以不遠千里而來謁曰子之來也猶有所未信乎曰信之曰信之而又來何也曰未得其方也陽明子曰子既得其方矣無所事於吾周生悚然有間曰先生以應子之故望卒賜之教陽明子曰子既得之矣無所事於吾周生悚然而起茫然有閒曰瑩愚不得其方先生毋乃以瑩爲戲幸卒賜之教陽明子曰子之自永康而來也程幾何曰千里而遙曰遠矣從舟乎曰從舟而又登陸也曰勞矣當茲六月亦暑乎曰途之暑特甚也曰難矣具資糧從童僕乎曰中途而

僕病乃舍貸而行曰茲益難矣曰子之來既遠且勞其難若此也何不遂返而必來乎將亦無有強子者乎曰瑩至於夫子之門勞苦艱難誠樂之寧以是而遂返又俟乎人之強之也乎曰斯吾之所謂子之既得其方也子之志欲至於吾門也則遂至於吾門無假於人子而志於聖賢之學有不至於聖賢者乎而假於人乎子之舍舟從陸捐僕貸糧冒毒暑而來也則又安所從受之方也生躍然起拜曰茲乃命之方也已抑瑩由於其方而迷於其說必俟夫子之言而後躍如也則何居陽明子曰子未覩乎爇石以求灰者乎火力具足矣乃得水而遂化子歸就應子而足其火力焉吾將儲擔石之水以俟子之再見

贈林典卿歸省序　乙亥

林典卿與其弟遊於大學且歸辭於陽明子曰元敘嘗聞立誠於夫子矣今茲歸敢請益陽明子曰立誠典卿曰學固此乎天地之大也而星辰麗焉日月明焉四時行焉引類而言之不可窮也人物之富也而草木蕃焉禽獸羣焉中國夷狄分焉引類而言之不可盡也夫古之學者殫智慮弊精力而莫究其緒焉

靡晝夜極年歲而莫竟其說焉析蠶絲擢牛尾而莫既其奧焉而曰立誠立誠盡之矣乎陽明子曰立誠盡之矣夫誠實理也其在天地則其麗焉者則其明焉者則其行焉者則其引類而言之不可窮焉者皆誠也其在人物則其蕃焉者則其羣焉者則其分焉者則其引類而言之不可盡焉者皆誠也是故殫智慮弊精力而莫究其緒也靡晝夜極年歲而莫竟其說也析蠶絲擢牛尾而莫既其奧也夫誠一而已矣故不可復有所益益之是爲二也二則僞故誠不可益不可益故至誠無息典卿起拜曰吾今乃知夫子之教若是其要也請終身事之不敢復有所疑陽明子曰子歸有黃宗賢氏者應元忠氏者方與講學於天台雁蕩之閒倘遇焉其遂以吾言諗之

贈陸清伯歸省序　乙亥

陸清伯澄歸歸安與其友二三子論繹所學贈處焉二三子或曰清伯之學曰進矣始吾見清伯其氣揚揚然若浮雲其言滔滔然若流波今而日默默爾曰慊慊爾曰雍雍爾曰休休爾有大徑庭焉以是知其進也或曰清伯始見夫子

一月一至既而旬一至又既而五六日三四日而一至又既而遷居於夫子之傍後乃請於夫子掃庾下之室而旦暮侍焉夫德莫淑於尊賢學莫端於親師故趨權門者日進於勢遊市肆者日進於利淸伯於夫子之道日加親附焉吾未遑其他即是可以知其學之進也矣淸伯曰有是哉澄則以爲日退也澄聞夫子之教而茫然已而歆然忽耿然而疑已而大疑焉又閃然大駭乃忽闖然若有覩也當是時則亦幾有所益焉自是且數月蓋悠焉游焉業不加修焉反而求焉倀倀然頹頹然昏蔽擴而愈進私累息而愈興衆妄攻而愈固如上灘之舟屢失屢下力挽而不能前以爲日退也明日又辭於陽明子二三子偕焉各言其所以陽明子曰其然乎其然乎謂己爲日退者進修之勵善日進矣謂人爲日進者與人爲善者其善亦日進矣雖然謂己爲日退也而意阻焉能無日退乎謂人爲日進也而氣歉焉亦能無日退乎斯又進退之機吉凶之所由分也可無愼乎

贈周以善歸省序　乙亥

江山周以善究心格物致知之學有年矣苦其難而不能有所進也聞陽明子之說而異之意其或有見也就而問之聞其說戚然若有所省歸求其故而不合則遲疑旬日又往聞其說則又戚然若有所省歸求其故而不合則又遲疑者旬日如是往復數月求之既無所獲去之又弗能也乃往告之以其故陽明子曰子未聞昔人之論弈乎弈之爲數小數也不專心致志則亦不可以得也今子入而聞吾之說出而有鴻鵠之思焉亦何怪乎勤而弗獲矣於是退而齋潔而以弟子之禮請陽明子與之坐蓋默然良久乃告之以立誠之說聳然若仆而興也明日又言之加密焉證之以大學明日又言之加密焉證之以論孟明日又言之加密焉證之以中庸乃躍然喜避席而言曰積今而後無疑於夫子之言而後知聖賢之教若是其深切簡易也而後知所以格物致知以誠吾之身吾喜焉吾悔焉十年之攻徒以斃精神而亂吾之心術也悲夫積將以夫子之言告同志俾及時從事於此無若積之底於悔也庶以報夫子之德而無負於夫子之教居月餘告歸陽明子敘其言以遺之使無忘於得之之難也

贈郭善甫歸省序　乙亥

郭子自黃來學踰年而告歸曰慶聞夫子立志之說亦既知所從事矣今茲將遠去敢請一言以爲夙夜勖陽明子曰君子之於學也猶農夫之於田也既善其嘉種矣又深耕易耨去其蝥莠時其灌溉早作而夜思皇皇惟嘉種之是憂也而後可望於有秋夫志猶種也學問思辯而篤行之是耕耨灌溉以求於有秋也志之弗端是荑稗也志端矣而功之弗繼是五穀之弗熟弗如荑稗也吾嘗見子之求嘉種矣然猶懼其或荑稗也見子之勤耕耨矣然猶懼其荑稗之弗如也夫農春種而秋成時也由志學而至於立自春而徂夏也由立而至於不惑去夏而秋矣已過其時猶種之未定不亦大可懼乎過時之學非人一己百未之敢望而猶或作輟焉不亦大可哀乎從吾游者衆矣雖開說之多未有出於立志者故吾於子之行卒不能舍是而別有所說子亦可以無疑於用力之方矣

贈鄭德夫歸省序　乙亥

西安鄭德夫將學於陽明子聞士大夫之議者以為禪學也復已之則與江山周以善者姑就陽明子之門人而考其說若非禪者也則又姑與就陽明子親聽其說焉蓋旬有九日而後釋然於陽明子之學非禪也始具弟子之禮師事之問於陽明子曰釋與儒孰異乎陽明子曰子無求其異同於儒釋求其是者而學焉可矣曰是與非孰辨乎曰子無求其是非於講說求諸心而安焉者是矣曰心又何以能定是非乎曰無是非之心非人也口之於甘苦也與易牙同目之於妍媸也與離婁同心之於是非也與聖人同其有昧焉者其心之於道不能如口之於味目之於色之誠切也然後私得而蔽之子務立其誠而已子惟慮夫心之於道不能如口之於味目之於色之誠切也而何慮夫甘苦妍媸之無辯也乎曰然則五經之所載四書之所傳其皆無所用乎曰孰為而無所用乎是甘苦妍媸之所在也使無誠心以求之是談味論色而已也又孰從而得甘苦妍媸之真乎既而告歸請陽明子為書其說遂書之

紫陽書院集序　乙亥

豫章熊侯世芳之守徽也既敷政其境內乃大新紫陽書院以明朱子之學萃七校之秀而躬教之於是校士程曾氏採摭書院之興廢爲集而弁以白鹿之規明政教也來請予言以諗多士夫爲學之方白鹿之規盡矣警勸之道熊侯之意勤矣興廢之故程生之集備矣又奚以予言爲乎然予聞之德有本而學有要不於其本而泛焉以從事高之而虛無卑之而支離終亦流蕩失宗勞而無得矣是故君子之學惟求得其心雖至於位天地育萬物未有出於吾心之外也孟氏所謂學問之道無他求其放心而已矣者一言以蔽之故博學者學此者也審問者問此者也慎思者思此者也明辯者辯此者也篤行者行此者也心外無事心外無理故心外無學是故於父子盡吾心之仁於君臣盡吾心之義言吾心之忠信行吾心之篤敬懲心忿窒心欲遷心善改心過處事接物無所往而非求盡無心以自慊也譬之植焉心其根也學也者其培擁之者也灌溉之者也扶植而刪鋤之者也無非有事於根焉耳矣朱子白鹿之規首之以五教之目次之以爲學之方又次之以處事接物之要若各爲一事而不相

蒙者斯殆朱子平日之意所謂隨事精察而力行之庶幾一旦貫通之妙也歟然而世之學者往往遂失之支離瑣屑色莊外馳而流入於口耳聲利之習豈朱子之教使然哉故吾因諸士之請而特原其本以相勖庶幾乎操存講習之有要亦所以發明朱子未盡之意也

朱子晚年定論序　戊寅

洙泗之傳至孟子而息千五百餘年濂溪明道始復追尋其緒自後辯析日詳然亦日就支離決裂旋復湮晦吾嘗深求其故大抵皆世儒之多言有以亂之守仁蚤歲業舉溺志辭章之習既乃稍知從事正學而苦於衆說之紛撓疲薾茫無可入因求諸老釋欣然有會於心以爲聖人之學在此矣然於孔子之教閒相出入而措之日用往往闕漏無歸依違往返且信且疑其後謫官龍場居夷處困動心忍性之餘恍若有悟體驗探求再更寒暑證諸六經四子沛然若決江河而放之海也然後歎聖人之道坦如大路而世之儒者妄開竇經蹈荆棘墮坑塹究其爲說反出二氏之下宜乎世之高明之士厭此而趨彼也此豈

二氏之罪哉間嘗以此語同志而聞者競相非議自以為立異好奇雖每痛反深抑務自搜剔斑瑕而愈益精明的確洞然無復可疑獨於朱子之說有相牴牾恆疚於心切疑朱子之賢而豈其於此尚有未察及官留都復取朱子之書而檢求之然後知其晚歲固已大悟舊說之非痛悔極艾至以為自誑誑人之罪不可勝贖世之所傳集註或問之類乃其中年未定之說自咎以為舊本之誤思改正而未及而其諸語類之屬又其門人挾勝心以附己見固於朱子平日之說猶有大相繆戾者而世之學者局於見聞不過持循講習於此其於悟後之論概乎其未有聞則亦何怪乎予言之不信而朱子之心無以自暴於後世也乎予既自幸其說之不繆於朱子又喜朱子之先得我心之同然且慨夫世之學者徒守朱子中年未定之說而不復知求其晚歲既悟之論競相呶呶以亂正學不自知其已入於異端輒採錄而裒集之私以示夫同志庶幾無疑於吾說而聖學之明可冀矣

別梁日孚序　戊寅

聖人之道若大路雖有跛躄行而不已未有不至而世之君子顧以爲聖人之異於人若彼其甚遠也其爲功亦必若彼其甚難也而淺易若此豈其可及乎則從而求之艱深恍惚溺於支離鶩於虛高率以爲聖人之道必不可至而甘於其質之所便日以淪於污下有從而求之者競相嗤訕曰狂誕不自量者也嗚呼其弊也亦豈一朝一夕之故哉孟子云徐行後長者謂之弟疾行先長者謂之不弟夫徐行者豈人所不能哉所不爲也世之人不知咎其不爲而歸咎於其不能其亦不思而已矣進士梁日孚攜家謁選於京過贛停舟見予始與之語移時而別明日又來與之語日昃而別又明日又來日入而未忍去又明日則假館而請受業焉同舟之人強之北者開譬百端日孚皆笑而不應莫不囂且異其最親愛者曰子有萬里之行戒僮僕聚資斧具舟楫又挈其家室經營閱歲而始就道行未數百里而中止此不有大苦必有大樂者乎子亦可以語我乎日孚笑曰吾今則有大苦亦誠有大樂者然未易以語子也子見病狂喪心者乎方其昏逸瞶亂赴湯火蹈荆棘莫不恬然自信以爲是也比遇良醫

沃之以清冷之漿而投之以神明之劑始瞿然以醒告之以其向之所爲又始駭然以苦示之以其所從歸之途又始欣然以喜且恨遇斯人之晚也彼病狂不復者反從而哂嗤之以爲是變其常今吾與子之事亦何以異於此矣居無何予以軍旅之役出而遠曰孚者且兩月謂曰孚既去矣及旋而曰孚居然以待旣以委其資斧於逆旅歸其家室於故鄉泊然而樂若將終身焉扣其學曰有所明而月有所異矣然後益歎聖人之學非夫自暴自棄未有不可由之而至而曰孚出於流俗殆孟子所謂豪傑之士者矣復留餘三月其母使人來謂曰姑北行以畢吾願然後從爾所好知曰孚者亦交以是勸曰孚請曰焯焉能一日而去夫子將復赴湯火蹈荊棘矣予曰其然哉子以聖人之道爲有方體乎爲可拘之以時限之以地乎世未有旣醒之人而復赴湯火蹈荊棘者子務醒其心毋徒湯火荊棘之爲懼曰孚良久曰焯近之矣聖人之道求之於心故不滯於事出之以理故不泥於物根之以性故不拘以時動之以神故不限以地苟知此矣焉往而非學也奚必恆於夫子之門乎焯請暫辭而北疑而復求

正予莞爾而笑曰近之矣近之矣

大學古本序　戊寅

大學之要誠意而已矣誠意之功格物而已矣誠意之極止至善而已矣止至善之則致知而已矣正心復其體也修身著其用也以言乎己謂之明德以言乎人謂之親民以言乎天地之閒則備矣是故至善也者心之本體也動而後有不善而本體之知未嘗不知也意者其動也物者其事也致其本體之知而動無不善然非卽其事而格之則亦無以致其知故致知者誠意之本也格物者致知之實也物格則知致意誠而有以復其本體是之謂止至善聖人懼人之求之於外也而反覆其辭舊本析而聖人之意亡矣是故不務於誠意而徒以格物者謂之支不事於格物而徒以誠意者謂之虛不本於致知而徒以格物誠意者謂之妄支與虛與妄其於至善也遠矣合之以敬而益綴補之以傳而益離吾懼學之日遠於至善也去分章而復舊本傍爲之本以引其義庶幾復見聖人之心而求之者有其要噫乃若致知則存乎心悟致知焉盡矣

禮記纂言序 庚辰

禮也者理也理也者性也性也者命也維天之命於穆不已而其在於人也謂之性其粲然而條理也謂之禮其純然而粹善也謂之仁其截然而裁制也謂之義其昭然而明覺也謂之知其渾然於其性也則理一而已矣故仁也者禮之體也義也者禮之宜也知也者禮之通也經禮三百曲禮三千無一而非仁也無一而非性也天敘天秩聖人何心焉蓋無一而非命也故克己復禮則謂之仁窮理而盡性以至於命盡性則動容周旋中禮矣後之言禮者吾惑矣紛紜器數之爭而牽制刑名之末窮年矻矻弊精於祝史之糟粕而忘其所謂經綸天下之大經立天下之大本者禮云禮云玉帛云乎而人之不仁也其如禮何哉故老莊之徒外禮以言性而謂禮爲道德之衰仁義之失既已墮於空虛漭蕩而世儒之說復外性以求禮遂謂禮止於器數制度之間而議擬倣像於影響形迹以爲天下之禮盡在是矣故凡先王之禮煙蒙灰散而卒以煨燼於天下要亦未可專委罪於秦火者僭不自度嘗欲取禮記之所載揭其大經大

本而疏其條理節目庶幾器道本末之一致又懼其德之弗任而時亦有所未及也閒嘗爲之說曰禮之於節文也猶規矩之於方圓也非方圓無以見規矩之所出而不可遂以方圓爲規矩故執規矩以爲方圓則方圓不可勝用舍規矩以爲方圓而遂以方圓爲之規矩則規矩之用息矣故規矩者無一定之方圓而方圓者有一定之規矩此學禮之要盛德者之所以動容周旋而中也宋儒朱仲晦氏慨禮經之蕪亂嘗欲考正而刪定之以儀禮爲之經禮記爲之傳而其志竟亦弗就其後吳幼清氏因而爲纂言亦不數數於朱說而於先後輕重之閒固已多所發明二子之見其規條指畫則既出於漢儒矣其所謂觀其會通以行其典禮之原則尙恨吾生之晚而未及與聞之也雖然後聖而有作則無所容言矣後聖而未有作也則如纂言者固學禮者之箕裘筌蹄而可以少之乎姻友胡汝登忠信而好禮其爲寧國也將以是而施之刻纂言以敷其說而屬序於予予將進汝登之道而推之於其本也故爲序之若此云

象山文集序　庚辰

聖人之學心學也堯舜禹之相授受曰人心惟危道心惟微惟精惟一允執厥中此心學之源也中也者道心之謂也道心精一之謂仁所謂中也孔孟之學惟務求仁蓋精一之傳也而當時之弊固已有外求之者故子貢致疑於多學而識而以博施濟衆爲仁夫子告之以一貫而教以能近取譬蓋使之求諸其心也迨於孟氏之時墨氏之言仁至於摩頂放踵而告子之徒又有仁內義外之說心學大壞孟子闢義外之說而曰仁人心也學問之道無他求其放心而已矣又曰仁義禮智非由外鑠我也我固有之弗思耳矣蓋王道息而伯術行功利之徒外假天理之近似以濟其私而以欺於人曰天理固如是不知既無其心矣而尚何有所謂天理者乎自是而後析心與理而爲二而精一之學亡世儒之支離外索於刑名器數之末以求明其所謂物理者而不知吾心即物理初無假於外也佛老之空虛遺棄其人倫事物之常以求明其所謂吾心者而不知物理即吾心不可得而遺也至宋周程二子始復追尋孔顏之宗而有無極而太極定之以仁義中正而主靜之說動亦定靜亦定無內外無將迎之

論庶幾精一之旨矣自是而後有象山陸氏雖其純粹和平若不逮於二子而簡易直截真有以接孟子之傳其議論開闔時有異者乃其氣質意見之殊而要其學之必求諸心則一而已故吾嘗斷以陸氏之學孟氏之學也而世之議者以其嘗與晦翁之有同異而遂詆以爲禪夫禪之說棄人倫遺物理而要其歸極不可以爲天下國家苟陸氏之學而果若是也乃所以爲禪也今禪之學與陸氏之說其書具存學者苟取而觀之其是非同異當有不待於辯說者而顧一倡羣和剿說雷同如矮人之觀場莫知悲笑之所自豈非貴耳賤目不得於言而勿求諸心者之過歟夫是非同異每起於人持勝心便舊習而是己見故勝心舊習之爲患賢者不免焉撫守李茂元氏將重刊象山之文集而請一言爲之序予何所容言哉惟讀先生之文者務求諸心而無以舊習己見先焉則糠粃精鑿之美惡入口而知之矣

觀德亭記 戊寅

君子之於射也內志正外體直持弓矢審固而後可以言中故古者射以觀德

德也者得之於其心也君子之學求以得之於其心故君子之於射以存其心也是故懆於其心者其動妄蕩於其心者其視浮歉於其心者其氣餒忽於其心者其貌惰傲於其心者其色矜五者心之不存也不存也者不學也君子之學於射以存其心也是故心端則體正心敬則容肅心平則氣舒心專則視審心通故時而理心純故讓而恪心宏故勝而不張負而不弛七者備而君子之德成君子無所不用其學也於射見之矣故曰爲人君者以爲君鵠爲人臣者以爲臣鵠爲人父者以爲父鵠爲人子者以爲子鵠射也者射己之鵠也鵠也者心也各射己之心也各得其心而已故曰可以觀德矣作觀德亭記

重修文山祠記　戊寅

宋丞相文山文公之祠舊在廬陵之富田今螺川之有祠實肇於我孝皇之朝然亦因廢爲新多缺陋而未稱正德戊寅縣令邵德容始恢其議於郡守伍文定相與白諸巡撫巡按守巡諸司皆以是爲風化之所係也爭措財鳩工圖拓而新之協守令之力不再踰月而工萃圮者完隘者闢遺者舉巍然煥然不獨

廟貌之改觀而吉之人士奔走瞻歎翕然益起其忠孝之心而是舉之有益於名教也誠大矣使來請記嗚呼公之忠天下之達忠也結椎異類猶知敬慕而況其鄉之人乎逆旅經行猶存尸祝而況其鄉之士乎凡有職守皆知尊尚而況其士之官乎然則鄉人之慕之也三有司之崇尚之也文公之沒今且三百年矣吉士之以氣節行義後先炳燿謂非聞公之風而興不可也然忠義之降激而爲氣節氣節之弊流而爲客氣其上焉者無所爲而爲固公所謂成仁取義者矣其次有所爲矣然猶其氣之近於正者也迨其弊也遂有憑其憤戾粗鄙之氣以行其媢嫉褊驁之私士流於矯拂民入於健訟人欲熾而天理滅而猶自視以爲氣節若是者容有之乎則於公之道非所謂操戈入室者歟吾故備而論之以勖夫茲鄉之後進使之去其偏以歸於全克其私以反於正不媿於公而已矣今巡撫暨諸有司之表勵崇飾固將以行其好德之心振揚風教詩所謂民之秉彝好是懿德者也人亦孰無是心苟能充之公之忠義在我矣而又何羨乎然而時之表勵崇飾有好其實而崇之者有慕其名而崇之者有

假其迹而崇之者忠義有諸己思以喻諸人因而表其祠宇樹之風聲是好其實者也知其美而未能誠諸身姑以修其祠宇彰其事迹是慕其名者也飾之祠宇而壞之於其身矯之文具而敗之於其行奸以掩其外而襲以阱其中是假其迹者也若是者容有之乎則於公之道非所謂毀瓦畫墁者歟吾故備而論之以勖夫後之官茲土者使無徒慕其名而務求其實毋徒修公之祠而務修公之行不媿於公而已矣某嘗令茲邑睹公祠之圮陋而未能恢既有媿於諸有司慨其風聲氣習之或弊而未能講去其偏復有媿於諸人士樂茲舉之有成也推其愧心之言而爲之記

從吾道人記　乙酉

海寧董蘿石者年六十有八矣以能詩聞江湖閒與其鄉之業詩者十數輩爲詩社旦夕操紙吟嗚相與求句字之工至廢寢食遺生業時俗共非笑之不顧以爲是天下之至樂矣嘉靖甲申春蘿石來游會稽聞陽明子方與其徒講學山中以杖肩其瓢笠詩卷來訪入門長揖上坐陽明子異其氣貌且年老矣禮

敬之又詢知其為董蘿石也與之語連日夜蘿石辭彌謙禮彌下不覺其席之彌側也退謂陽明子之徒何生秦曰吾見世之儒者支離瑣屑修飾邊幅為偶人之狀其下者貪饕爭奪於富貴利欲之場而嘗不屑其所為以為世豈真有所謂聖賢之學乎直假道於是以求濟其私耳故遂篤志於詩而放浪於山水今吾聞夫子良知之說而忽若大寐之得醒然後知吾向之所為日夜弊精勞力者其與世之營營利祿之徒特清濁之分而其間不能以寸也幸哉吾非至於夫子之門則幾於虛此生矣吾將北面夫子而終身焉得無既老而有所不可乎秦起拜賀曰先生之年則老矣先生之志何壯哉入以請於陽明子陽明子喟然歎曰有是哉吾未或見此翁也雖然齒長於我矣師友一也苟吾言之見信奚必北面而後為禮乎蘿石聞之曰夫子殆以予誠之未積歟辭歸兩月棄其瓢笠持一縑而來謂秦曰此吾老妻之所織也吾之誠積若茲縷矣夫子其許我乎秦入以請陽明子曰有是哉吾未或見此翁也今之後生晚進苟知執筆為文辭稍記習訓詁則已傲然自大不復知有從師學問之事見有或從

師問學者則闃然共非笑指斥若怪物翁以能詩訓後進從之遊者徧於江湖蓋居然先輩矣一旦聞予言而棄去其數十年之成業如敝屣遂求北面而屈禮焉豈獨今之時而未見若人將古之記傳所載亦未多數也夫君子之學求以變化其氣質焉爾氣質之難變者以客氣之爲患而不能以屈下於人遂至自是自欺飾非長敖卒歸於兇頑鄙倍故凡世之爲子而不能孝爲弟而不能敬爲臣而不能忠者其始皆起於不能屈下而客氣之爲患耳苟惟理是從而不難於屈下則客氣消而天理行非天下之大勇不足以與於此則如蘿石固吾之師也而吾豈足以師蘿石乎蘿石曰甚哉夫子之拒我也吾不能以俟請矣入而強納拜焉陽明子固辭不獲則許之以師友之閒與之探禹穴登鑪峯陟秦望尋蘭亭之遺迹徜徉於雲門若耶鑑湖剡曲蘿石日有所聞益充然有得欣然樂而忘歸也其鄉黨之子弟親友與其平日之爲社者或笑而非或爲詩而招之返且曰翁老矣何乃自苦若是耶蘿石笑曰吾方幸逃於苦海方知憫若之自苦也顧以吾爲苦耶吾方揚鬐於渤澥而振羽於雲霄之上安能復

投網罟而入樊籠乎去矣吾將從吾之所好遂自號曰從吾道人陽明子聞之
歎曰卓哉蘿石血氣既衰戒之在得矣孰能挺特奮發而復若少年英銳者之
爲乎真可謂之能從吾所好矣世之人從其名之好也而競以相高從其利之
好也而貪以相取從其心意耳目之好也而詐以相欺亦皆自以爲從吾所好
矣而豈知吾之所謂真吾者乎夫吾之所謂真吾者良知之謂也父而慈焉子
而孝焉吾良知所好也不慈不孝焉斯惡之矣言而忠信焉行而篤敬焉吾良
知所好也不忠信焉不篤敬焉斯惡之矣故夫名利物欲之好私吾之好也天
下之所惡也良知之好真吾之好也天下之所同好也是故從私吾之好則天
下之人皆惡之矣將心勞日拙而憂苦終身是之謂物之役從真吾之好則天
下之人皆好之矣將家國天下無所處而不當富貴貧賤患難夷狄無入而不
自得斯之謂能從吾之所好也矣夫子嘗曰吾十有五而志於學是從吾之始
也七十而從心所欲不踰矩則從吾而化矣蘿石踰耳順而始知從吾之學毋
自以爲既晚也充蘿石之勇其進於化也何有哉嗚呼世之營營於物欲者聞

蘿石之風亦可以知所適從也乎

親民堂記　乙酉

南子元善之治越也過陽明子而問政焉陽明子曰政在親民曰親民何以乎曰在明明德曰明明德何以乎曰在親民曰明德親民一乎曰一也明德者天命之性靈昭不昧而萬理之所從出也人之於其父也而莫不知孝焉於其兄也而莫不知弟焉於凡事物之感莫不有自然之明焉是其靈昭之在人心亘萬古而無不同無或昧者也是故謂之明德其或蔽焉物欲也明之者去其物欲之蔽以全其本體之明焉耳非能有以增益之也曰何以在親民乎曰德不可以徒明也人之欲明其孝之德也則必親於其父而後孝之德明矣欲明其弟之德也則必親於其兄而後弟之德明矣君臣也夫婦也朋友也皆然也故明明德必在於親民而親民乃所以明其明德也故曰一也曰親民以明其明德修身焉可矣而何家國天下之有乎曰人者天地之心也民者對己之稱也曰民焉則三才之道舉矣是故親吾之父以及人之父而天下之父子莫不親

矣親吾之兄以及人之兄而天下之兄弟莫不親矣君臣也夫婦也朋友也推而至於鳥獸草木也而皆有以親之無非求盡吾心焉以自明其明德也是之謂明明德於天下是之謂家齊國治而天下平曰然則烏在其爲止至善者乎昔之人固有欲明其明德矣然或失之虛罔空寂而無有乎家國天下之施者是不知明明德之在於親民而二氏之流是矣固有欲親其民者矣然或失之知謀權術而無有乎仁愛惻怛之誠者是不知親民之所以明其明德而五伯功利之徒是矣是皆不知止於至善之過也是故至善也者明德親民之極則也天命之性粹然至善其靈昭不昧者皆其至善之發見是皆明德之本體而所謂良知者也至善之發見是而是焉非而非焉固吾心天然自有之則而不容有所擬議加損於其閒也有所擬議加損於其閒則是私意小智而非至善之謂矣人惟不知至善之在吾心而用其私智以求之於外是以昧其是非之則至於橫騖決裂人欲肆而天理亡明德親民之學大亂於天下故止至善之於明德親民也猶之規矩之於方圓也尺度之於長短也權衡之於輕重也方

圓而不止於規矩爽其度矣長短而不止於尺度乖其制矣輕重而不止於權衡失其準矣明德親民而不止於至善亡其則矣夫是之謂大人之學大人者以天地萬物爲一體也夫然後能以天地萬物爲一體元善喟然而歎曰甚哉大人之學若是其易簡也吾乃今知天地萬物之一體矣吾乃今知天下之爲一家中國之爲一人矣一夫不被其澤若己推而內諸溝中伊尹其先得我心之同然乎於是名其蒞政之堂曰親民而曰吾以親民爲職者也吾務親吾之民以求明吾之明德也夫爰書其言于壁而爲之記

萬松書院記　乙酉

萬松書院在浙省南門外當湖山之閒弘治初參政周君近仁因廢寺之趾而改爲之廟貌規制略如學宮延孔氏之裔以奉祀事近年以來有司相繼緝理地益以勝然亦止爲遊觀之所而講誦之道未備也嘉靖乙酉侍御潘君景哲奉命來巡憲度丕肅文風聿新旣簡鄉闈收一省之賢而上之南宮矣又以遺才之不能盡取爲憾思有以大成之乃增修書院益廣樓居齋舍爲三十六楹

具其器用置贍田若干頃揭白鹿之規掄彥選俊肄習其閒以倡列郡之士而以屬之提學僉事萬君汝信汝信曰是固潮之責也藩臬諸君咸贊厥成使知事嚴綱董其役知府陳力推官陳篪輩相協經理閱月踰旬工訖事舉乃來請言以紀其事惟我皇明自國都至於郡邑咸建廟學羣士之秀專官列職而教育之其於學校之制可謂詳且備矣而名區勝地往往復有書院之設何哉所以匡翼夫學校之不逮也夫三代之學皆所以明人倫今之學宮皆以明倫名堂則其所以立學者固未嘗非三代意也然自科舉之業盛士皆馳騖於記誦辭章而功利得喪分惑其心於是師之所教弟子之所學者遂不復知有明倫之意矣懷世道之憂者思挽而復之卒亦未知所措其力譬之兵事當玩弛偷惰之餘則必選將閱伍更其號令旌旗懸非格之賞以倡敢勇然後士氣可得而振也今書院之設固亦此類也歟士之來集於此者其必相與思之曰既進我於學校矣而復優我於是何為乎寧獨以精吾之舉業而已乎便吾之進取而已乎則學校之中未嘗不可以精吾之業而進取之心自吾所汲汲非有待

於人之從而趨之也是必有進於是者矣是固期我以古聖賢之學也古聖賢
之學明倫而已堯舜之相授受曰人心惟危道心惟微惟精惟一允執厥中斯
明倫之學矣道心也者率性之謂也人心則僞矣不雜於人僞率是道心而發
之於用也以言其情則爲喜怒哀樂以言其事則爲中節之和爲三千三百經
曲之禮以言其倫則爲父子之親君臣之義夫婦之別長幼之序朋友之信而
三才之道盡此矣舜使契爲司徒以教天下者教之以此也是固天下古今聖
愚之所同具其或昧焉者物欲蔽之非其中之所有不備而假求之於外者也
是固所謂不慮而知其良知也不學而能其良能也孩提之童無不知愛其親
者也孔子之聖則曰所求乎子以事父未能也是明倫之學孩提之童亦無不
能而及其至也雖聖人有所不能盡也人倫明於上小民親於下家齊國治而
天下平矣是故明倫之外無學矣外此而學者謂之異端非此而論者謂之邪
說假此而行者謂之伯術飾此而言者謂之文辭背此而馳者謂之功利之徒
亂世之政雖今之舉業必自此而精之而謂不愧於敷奏明試雖今之仕進必

由此而施之而後無忝於行義達道斯固國家建學之初意諸君緝書院以與多士之盛心也故爲多士誦之

稽山書院尊經閣記　乙酉

經常道也其在於天謂之命其賦於人謂之性其主於身謂之心心也性也命也一也通人物達四海塞天地亘古今無有乎弗具無有乎弗同無有乎或變者也是常道也其應乎感也則爲惻隱爲羞惡爲辭讓爲是非其見於事也則爲父子之親爲君臣之義爲夫婦之別爲長幼之序爲朋友之信是惻隱也羞惡也辭讓也是非也是親也義也序也別也信也一也皆所謂心也性也命也通人物達四海塞天地亘古今無有乎弗具無有乎弗同無有乎或變者也是常道也是常道也以言其陰陽消息之行焉則謂之易以言其紀綱政事之施焉則謂之書以言其歌詠性情之發焉則謂之詩以言其條理節文之著焉則謂之禮以言其欣喜和平之生焉則謂之樂以言其誠僞邪正之辯焉則謂之春秋是陰陽消息之行也以至於誠僞邪正之辯也一也皆所謂心也性也命

也通人物達四海塞天地亘古今無有乎弗具無有乎弗同無有乎或變者也夫是之謂六經六經者非他吾心之常道也故易也者志吾心之陰陽消息者也書也者志吾心之紀綱政事者也詩也者志吾心之歌詠性情者也禮也者志吾心之條理節文者也樂也者志吾心之欣喜和平者也春秋也者志吾心之誠僞邪正者也君子之於六經也求之吾心之陰陽消息而時行焉所以尊易也求之吾心之紀綱政事而時施焉所以尊書也求之吾心之歌詠性情而時發焉所以尊詩也求之吾心之條理節文而時著焉所以尊禮也求之吾心之欣喜和平而時生焉所以尊樂也求之吾心之誠僞邪正而時辯焉所以尊春秋也蓋昔者聖人之扶人極憂後世而述六經也猶之富家者之父祖慮其產業庫藏之積其子孫者或至於遺忘散失卒困窮而無以自全也而記籍其家之所有以貽之使之世守其產業庫藏之積而享用焉以免於困窮之患故六經者吾心之記籍也而六經之實則具於吾心猶之產業庫藏之實積種種色色具存於其家其記籍者特名狀數目而已而世之學者不知求六經之實

於吾心而徒考索於影響之間牽制於文義之末硜硜然以為是六經矣是猶富家之子孫不務守視享用其產業庫藏之實積日遺忘散失至於窶人丐夫而猶囂囂然指其記籍曰斯吾產業庫藏之積也何以異於是嗚呼六經之學其不明於世非一朝一夕之故矣尚功利崇邪說是謂亂經習訓詁傳記誦沒溺於淺聞小見以塗天下之耳目是謂侮經侈淫辭競詭辯飾奸心盜行逐世壟斷而猶自以為通經是謂賊經若是者是并其所謂記籍者而割裂棄毀之矣寧復知所以為尊經也乎越城舊有稽山書院在卧龍西岡荒廢久矣郡守渭南南君大吉既敷政於民則慨然悼末學之支離將進之以聖賢之道於是使山陰令吳君瀛拓書院而一新之又為尊經之閣於其後曰經正則庶民興庶民興斯無邪慝矣閣成請予一言以諗多士予既不獲辭則為記之若是嗚呼世之學者得吾說而求諸其心焉其亦庶乎知所以為尊經也矣

重修山陰縣學記　乙酉

山陰之學歲久彌敝教諭汪君瀚輩以謀於縣尹顧君鐸而一新之請所以詔

士之言於予時予方在疚辭未有以告也已而顧君入爲秋官郎洛陽吴君瀛來代復增其所未備而申前之請昔予官留都因京兆之請記其學而嘗有說焉其大意以爲朝廷之所以養士者不專於舉業而實望之以聖賢之學今殿廡堂舍拓而輯之餼廩條教具而察之者是有司之修學也求天下之廣居安宅者而修諸其身焉此爲師爲弟子者之修學也其時聞者皆惕然有省然於凡所以爲學之說則猶未之及詳今請爲吾越之士一言之夫聖人之學心學也學以求盡其心而已堯舜禹之相授受曰人心惟危道心惟微惟精惟一允執厥中道心者率性之謂而未雜於人無聲無臭至微而顯誠之源也人心則雜於人而危矣僞之端矣見孺子之入井而惻隱率性之道也從而內交於其父母焉要譽於鄉黨焉則人心矣飢而食渴而飲率性之道也從而極滋味之美焉恣口腹之饕焉則人心矣惟一者一於道心也惟精者慮道心之不一而或二之以人心也道無不中一於道心而不息是謂允執厥中矣一於道心則存之無不中而發之無不和是故率是道心而發之於父子也無不親發之於

君臣也無不義發之於夫婦長幼朋友也無不別無不序無不信是謂中節之和天下之達道也放四海而皆準亘古今而不窮天下之人同此心同此性同此達道也舜使契爲司徒而教以人倫教之以此達道也當是之時人皆君子而比屋可封蓋教者惟以是爲教而學者惟以是爲學也聖人既沒心學晦而人僞行功利訓詁記誦辭章之徒紛沓而起支離決裂歲盛月新相沿相襲各是其非人心日熾而不復知有道心之微閒有覺其紕繆而略知反本求源者則又鬨然指爲禪學而羣訾之嗚呼心學何由而復明乎夫禪之學與聖人之學皆求盡其心也亦相去毫釐耳聖人之求盡其心也以天地萬物爲一體也吾之父子親矣而天下有未親者焉吾心未盡也吾之君臣義矣而天下有未義者焉吾心未盡也吾之夫婦別矣長幼序矣朋友信矣而天下有未別未序未信者焉吾心未盡也吾之一家飽暖逸樂矣而天下有未飽暖逸樂者焉其能以親乎義乎別序信乎吾心未盡也故於是有紀綱政事之設焉有禮樂教化之施焉凡以裁成輔相成己成物而求盡吾心焉耳心盡而家以齊國以治

天下以平故聖人之學不出乎盡心禪之學非不以心爲說然其意以爲是達道也者固吾之心也吾惟不昧吾心於其中則亦已矣而亦豈必屑屑於其外其外有未當也則亦豈必屑屑於其中斯亦其所謂盡心者矣而不知已陷於自私自利之偏是以外人倫遺事物以之獨善或能之而要之不可以治家國天下蓋聖人之學無人己無內外一天地萬物以爲心而禪之學起於自私自利而未免於內外之分斯其所以爲異也今之爲心性之學者而果外人倫遺事物則誠所謂禪矣使其未嘗外人倫遺事物而專以存心養性爲事則固聖門精一之學也而可謂之禪乎哉世之學者承沿其舉業詞章之習以荒穢戕伐其心既與聖人盡心之學相背而馳日騖日遠莫知其所抵極矣有以心性之說而招之來歸者則顧駭以爲禪而反仇讎視之不亦大可哀乎夫不自知其爲非而以非人者是舊習之爲蔽而未可遽以爲罪也有知其非者矣藐然視人之非而不以告人者自私者也既告之矣既知之矣而猶冥然不以自反者自棄者也吾越多豪傑之士其特然無所待而興者爲不少矣而亦容有蔽

於舊習者乎故吾因諸君之請而特爲一言之嗚呼吾豈特爲吾越之士一言之而已乎

梁仲用默齋說　辛未

仲用識高而氣豪既舉進士銳然有志天下之務一旦責其志曰於呼予乃太早鳥有己之弗治而能治人者於是專心爲己之學深思其氣質之偏而病其言之易也以默名庵過予而請其方予亦天下之多言人也豈足以知默之道然予嘗自驗之氣浮則多言志輕則多言氣浮者耀於外志輕者放其中予請誦古之訓而仲用自取之夫默有四僞疑而不知問蔽而不知辯冥然以自罔謂之默之愚以不言餂人者謂之默之狡慮人之覘其長短也掩覆以爲默謂之默之誣深爲之情厚爲之貌淵毒阱狠自託於默以售其奸者謂之默之賊夫是之謂四僞又有八誠焉孔子曰君子恥其言而過其行古者言之不出恥躬之不逮也故誠知恥而後知默又曰君子欲訥於言而敏於行夫誠敏於行而後欲默矣仁者言也訒非以爲默而默存焉又曰默而識之是故必有所識

也終日不違如愚者也默而成之是故必有所成也退而省其私亦足以發者也故善默者莫如顏子闇然而日章默之積也不言而信而默之道成矣天何言哉四時行焉萬物生焉而默之道至矣非聖人其孰能與於此哉夫是之謂八誠仲用盡亦知所以自取之

示弟立志說　乙亥

予弟守文來學告之以立志守文因請次第其語使得時時觀省且請淺近其辭則易於通曉也因書以與之夫學莫先於立志志之不立猶不種其根而徒事培擁灌溉勞苦無成矣世之所以因循苟且隨俗習非而卒歸於汚下者凡以志之弗立也故程子曰有求爲聖人之志然後可與共學人苟誠有求爲聖人之志則必思聖人之所以爲聖人者安在非以其心之純乎天理而無人欲之私歟聖人之所以爲聖人惟以其心之純乎天理而無人欲則我之欲爲聖人亦惟在於此心之純乎天理而無人欲耳欲此心之純乎天理而無人欲則必去人欲而存天理務去人欲而存天理則必求所以去人欲而存天理之方

求所以去人欲而存天理之方則必正諸先覺考諸古訓而凡所謂學問之功者然後可得而講而亦有所不容已矣夫所謂正諸先覺者既以其人爲先覺而師之矣則當專心致志惟先覺之爲聽言有不合不得棄置必從而思之思之不得又從而辯之務求了釋不敢輒生疑惑故記曰師嚴然後道尊道尊然後民知敬學苟無尊崇篤信之心則必有輕忽慢易之意言之而聽之不審猶不聽也聽之而思之不慎猶不思也是則雖曰師之猶不師也

夫所謂考諸古訓者聖賢垂訓莫非教人去人欲而存天理之方若五經四書是已吾惟欲去吾之人欲存吾之天理而不得其方是以求之於此則其展卷之際真如饑者之於食求飽而已病者之於藥求愈而已暗者之於燈求照而已跛者之於杖求行而已曾有徒事記誦講說以資口耳之弊哉

夫立志亦不易矣孔子聖人也猶曰吾十有五而志于學三十而立立者志立也雖至於不踰矩亦志之不踰矩也志豈可易而視哉夫志氣之帥也人之命也木之根也水之源也源不濬則流息根不植則木枯命不續則人死志不立

則氣昏是以君子之學無時無處而不以立志爲事正目而視之無他見也傾耳而聽之無他聞也如貓捕鼠如雞覆卵精神心思凝聚融結而不復知有其他然後此志常立神氣精明義理昭著一有私欲卽便知覺自然容住不得矣故凡一毫私欲之萌只責此志不立卽私欲便退聽一毫客氣之動只責此志不立卽客氣便消除或怠心生責此志卽不怠忽心生責此志卽不忽懆心生責此志卽不懆妬心生責此志卽不妬忿心生責此志卽不忿貪心生責此志卽不貪傲心生責此志卽不傲吝心生責此志卽不吝蓋無一息而非立志責志之時無一事而非立志責志之地故責志之功其於去人欲有如烈火之燎毛太陽一出而魍魎潛消也自古聖賢因時立教雖若不同其用功大指無或少異書謂惟精惟一易謂敬以直內義以方外孔子謂格致誠正博文約禮曾子謂忠恕子思謂尊德性而道問學孟子謂集義養氣求其放心雖若人自爲說有不可強同者而求其要領歸宿合若符契何者夫道一而已道同則心同心同則學同其卒不同者皆邪說也後世大患尤在無志故今以立志爲說中

閑字字句句莫非立志蓋終身問學之功只是立得志而已若以是說而合精一則字字句句皆精一之功以是說而合敬義則字字句句皆敬義之功其諸格致博約忠恕等說無不脗合但能實心體之然後信予言之非妄也

約齋說 甲戌

滁陽劉生韶既學於陽明子乃自悔其平日所嘗致力者泛濫而無功瑣雜而不得其要也思得夫簡易可久之道而固守之乃以約齋自號求所以爲約之說於予予曰子欲其約乃所以爲煩也其惟循理乎理一而已人欲則有萬其殊是故一則約萬則煩矣雖然理亦萬殊也何以求其一乎理雖萬殊而皆具於吾心心固一也吾惟求諸吾心而已求諸心而皆出乎天理之公焉斯其行之簡易所以爲約也已彼其膠於人欲之私則利害相攻毀譽相制得失相形榮辱相纏是非相傾顧瞻牽滯紛紜舛戾吾見其煩且難也然而世之知約者鮮矣孟子曰學問之道無他求其放心而已其知所以爲約之道歟吾子勉之吾言則亦以煩

見齋說　乙亥

辰陽劉觀時學於潘子既有見矣復學於陽明子嘗自言曰吾名觀時觀必有所見而吾猶懵懵無睹也扁其居曰見齋以自勵問於陽明子曰道有可見乎曰有有而未嘗有也曰然則無可見乎曰無無而未嘗無也曰然則何以爲見乎曰見而未嘗見也觀時曰弟子之惑滋甚矣夫子則明言之以教我乎陽明子曰道不可言也強爲之言而益晦道無可見也妄爲之見而益遠夫有而未嘗有是真有也無而未嘗無是真無也見而未嘗見是真見也子未觀於天乎謂天爲無可見則蒼蒼耳昭昭耳日月之代明四時之錯行未嘗無也謂天爲可見則卽之而無所指之而無定執之而無得未嘗有也夫天道也道天也風可捉也影可拾也道可見也曰然則吾終無所見乎古之人則亦終無所見乎曰神無方而道無體仁者見之謂之仁知者見之謂之知是有方體者也見之而未盡者也顏子則如有所立卓爾夫謂之如則非有也謂之有則非無也是故雖欲從之末由也已故夫顏氏之子爲庶幾也文王望道而未之見斯真見

也已曰然則吾何所用心乎曰淪於無者無所用其心者也蕩而無歸滯於有者用其心於無用者也勞而無功夫有無之閒見與不見之妙非可以言求也而子顧切切焉吾又從而強言其不可見是以瞽導瞽也夫言飲者不可以爲醉見食者不可以爲飽子求其醉飽則盍飲食之子求其見也其惟人之所不見乎夫亦戒慎乎其所不覩也已斯真覩也已斯求見之道也已

矯亭說　乙亥

君子之行順乎理而已無所事乎矯然有氣質之偏焉偏於柔者矯之以剛然或失則傲偏於慈者矯之以毅然或失則刻偏於奢者矯之以儉然或失則陋凡矯而無節則過過則復爲偏故君子之論學也不曰矯而曰克克以勝其私私勝而理復無過不及矣矯猶未免於意必也意必亦私也故克己則矯不必言矯者未必能盡於克己之道也雖然矯而當其可亦克己之道矣行其克己之實而矯以名焉何傷乎古之君子也其取名也廉後之君子實未至而名先之故不曰克而曰矯亦矯世之意也方君時舉以矯名亭請予爲之說

謹齋說

君子之學心學也心性也性天也聖人之心純乎天理故無事於學下是則心有不存而汩其性喪其天矣故必學以存其心學以存其心者何求哉求諸其心而已矣求諸其心何爲哉謹守其心而已矣博學也審問也愼思也明辨也篤行也皆謹守其心之功也謹守其心者無聲之中而常若聞焉無形之中而常若睹焉故傾耳而聽之惟恐其或繆也注目而視之惟恐其或逸也是故至微而顯至隱而見善惡之萌而纖毫莫遁由其能謹也謹則存存則明明則其察之也精其存之也一昧焉而弗知過焉而弗覺弗之謹也已故謹守其心於其善之萌焉若食之充飽也若抱赤子而履春冰惟恐其或陷也若捧萬金之璧而臨千仞之崖惟恐其或墜也其不善之萌焉若鴆毒之投於羹也若虎蛇橫集而思所以避之也若盜賊之侵陵而思所以勝之也古之君子所以凝至道而成盛德未有不由於斯者雖堯舜文王之聖然且兢兢業業而況於學者乎後之言學者舍心而外求是以支離決裂愈難而愈遠吾甚悲焉吾友侍御

楊景瑞以謹名其齋其知所以爲學之要矣景瑞嘗遊白沙陳先生之門歸而求之自以爲有見又二十年而忽若有得然後知其向之所見猶未也一旦告病而歸將從事焉必底於成而後出君之篤志若此其進於道也孰禦乎君遣其子思元從予學亦將別予以歸因論君之所以名齋之義以告思元而遂以爲君贈

夜氣說　乙亥

天澤每過輒與之論夜氣之訓津津既有所興起至是告歸請益復謂之曰夜氣之息由於旦晝所養苟梏亡之反復則亦不足以存矣今夫師友之相聚於茲也切磋於道義而砥礪乎德業漸而入焉反而媿焉雖有非僻之萌其所滋也亦已罕矣迨其離羣索居情可得肆而莫之警也欲可得縱而莫之泥也物交引焉志交喪焉雖有理義之萌其所滋也亦罕矣故曰苟得其養無物不長苟失其養無物不消夫人亦孰無理義之心乎然而不得其養者多矣是以若是其寥寥也天澤勉之

修道說 戊寅

率性之謂道誠者也修道之謂教誠之者也故曰自誠明謂之性自明誠謂之教中庸爲誠之者而作修道之事也道也者性也不可須臾離也而過焉不及焉離也是故君子有修道之功戒慎乎其所不睹恐懼乎其所不聞微之顯誠之不可掩也修道之功若是其無閒誠之也夫然後喜怒哀樂之未發謂之中發而皆中節謂之和道修而性復矣致中和則大本立而達道行知天地之化育矣非至誠盡性其孰能與於此哉是修道之極功也而世之言修道者離矣故特著其說

自得齋說 甲申

孟子云君子深造之以道欲其自得之也自得之則居之安居之安則資之深資之深則取之左右逢其原故君子欲其自得之也夫率性之謂道道吾性也性吾生也而何事於外求世之學者業辭章習訓詁工技藝探賾而索隱弊精極力勤苦終身非無所謂深造之者然亦辭章而已耳訓詁而已耳技藝而已

耳非所以深造於道也則亦外物而已耳寧有所謂自得逢原者哉古之君子戒慎不睹恐懼不聞致其良知而不敢須臾或離者斯所以深造乎是矣是以大本立而達道行天地以位萬物以育於左右逢原乎何有黃勉之省曾氏以自得名齋蓋有志於道者請學於予而蘄爲之說予不能有出於孟氏之言也爲之書孟氏之言嘉靖甲申六月朔

博約說　乙酉

南元真之學於陽明子也聞致知之說而恍若有見矣既而疑於博約先後之訓復來請曰致良知以格物格物以致其良知也則既聞教矣敢問先博我以文而後約我以禮也則先儒之說得無亦有所不同歟陽明子曰理一而已矣心一而已矣故聖人無二教而學者無二學博文以約禮格物以致其良知一也故先後之說後儒支繆之見也夫禮也者天理也天命之性具于吾心其渾然全體之中而條理節目森然畢具是故謂之天理天理之條理謂之禮是禮也其發見於外則有五常百行酬酢變化語默動靜升降周旋隆殺厚薄之屬

宣之於言而成章措之於爲而成行書之於冊而成訓炳然蔚然其條理節目之繁至於不可窮詰是皆所謂文也是文也者禮之見於外者也禮也者文之存於中者也文顯而可見之禮也禮微而難見之文也是所謂體用一源而顯微無閒者也是故君子之學也於酬酢變化語默動靜之閒而求盡其條理節目焉非他也求盡吾心之天理焉耳矣於升降周旋隆殺厚薄之閒而求盡其條理節目焉非他也求盡吾心之天理焉耳矣求盡其條理節目焉者博文也求盡吾心之天理焉者約禮也文散於事而萬殊者也故曰博禮根于心而一本者也故曰約博文而非約之以禮則其文爲虛文而後世功利辭章之學矣約禮而非博學於文則其禮爲虛禮而佛老空寂之學矣是故約禮必在於博文而博文乃所以約禮二之而分先後焉者是聖學之不明而功利異端之說亂之也昔者顏子之始學於夫子也蓋亦未知道之無方體形像也而以爲有方體形像也未知道之無窮盡止極也而以爲有窮盡止極也是猶後儒之見事事物物皆有定理者也是以求之仰鑽瞻忽之閒而莫得其所謂及聞夫子

博約之訓既竭吾才以求之然後知天下之事雖千變萬化而皆不出於此心之一理然後知殊途而同歸百慮而一致然後知斯道之本無方體形像而不可以方體形像求之也本無窮盡止極而不可以窮盡止極求之也故曰雖欲從之末由也已蓋顏子至是而始有真實之見矣博文以約禮格物以致其良知也亦寧有二學乎哉

惜陰說　丙戌

同志之在安成者閒月爲會五日謂之惜陰其志篤矣然五日之外孰非惜陰時乎離羣而索居志不能無少懈故五日之會所以相稽切焉耳嗚呼天道之運無一息之或停吾心良知之運亦無一息之或停良知卽天道謂之亦則猶二之矣知良知之運無一息之或停者則知惜陰矣知惜陰者則知致其良知矣子在川上曰逝者如斯夫不舍晝夜此其所以學如不及至於發憤忘食也堯舜兢兢業業成湯日新又新文王純亦不已周公坐以待旦惜陰之功寧獨大禹爲然子思曰戒慎乎其所不睹恐懼乎其所不聞知微之顯可以入德矣

或曰雞鳴而起孳孳為利凶人為不善亦惟日不足然則小人亦可謂之惜陰乎

王文成公全書卷之七

西元二〇二一年六月一日重製一版

陽明全集 冊一（明王守仁撰）

平裝四冊基本定價參仟元正
（郵運匯費另加）

發行人 張 敏 君
發行處 中 華 書 局
臺北市內湖區舊宗路二段一八一巷八號五樓（5FL., No. 8, Lane 181, JIOU-TZUNG Rd., Sec 2, NEI HU, TAIPEI, 11494, TAIWAN）
客服電話：886-8797-8396
公司傳真：886-8797-8909
匯款帳戶：華南商業銀行西湖分行
179100026931
印 刷：維中科技有限公司
海瑞印刷品有限公司

No. N2026-1

國家圖書館出版品預行編目(CIP)資料

陽明全集/(明)王守仁撰. -- 重製一版. -- 臺北
市 : 中華書局, 2021.06
面 ; 公分
ISBN 978-986-5512-55-2(全套 : 平裝)

1.(明)王守仁 2.學術思想 3.陽明學

126.4 110008824